기획자의 여행법

기획자의 여행법

조정희 지음

프롤로그

오늘도 여행을 떠나는 이유

나는 10년간 기술 기획 업무를 하고 있다. 모빌리티니 인공지능이니 하는 이야기를 남편 이름 세 글자보다 더 많이 듣는 환경에 있기도 하다. 언뜻 생각하면 차갑고 삭막한 일을 한다. 그래서 여행을 떠난다.

나에게 여행은 다른 사람들의 표정, 행동을 객관적으로 바라볼 수 있는 방식이자 틀이다. 내가 보고 듣는 것이 최고라고 생각하는 오만을 일깨워주는 과정이기도 하다. 이질적인 문화를 경험하고 다른 세계에서 살아가는 사람들의 삶을 엿보면서 나의 관심사도 축적된다. 여행을 계속하면 할수록 정보가 쌓이고,

내가 좋아하는 것들을 더 깊게 알 수 있게 된다. 무수한 인풋이 계속 모여 결국 내가 만들고자 하는 기획과 연결이 된다.

대개 영감은 어느 날 갑자기 떠오르기보단 주어진 인풋의 영향을 받는다. 인풋의 양에 따라 달라지는데 이 인풋을 가장 자연스럽게 접하는 방법이 여행이라 생각한다. 풍부하고 다양한 인풋이 생기면 기획의 깊이가 달라진다. 얼마만큼 다양한 관점을 가졌는지, 얼마나 깊숙이 고민을 해보았는지에 따라 기획에 구체성이 생기고 신뢰감이 높아지기 때문에 인풋의 양은 그 무엇보다 중요하다고 생각한다.

진짜 요리를 잘하는 사람은 소금과 쌀만 있어도 최상의 비율로 훌륭한 죽을 만들 수 있듯 기획자도 재료를 적재적소에 배치해야 솔루션을 찾을 수 있다. 솔루션에 필요한 재료를 알기 위해서는 일단 재료를 충분히 모으고 경험해야 한다. 그래서 오늘도 여행하면서 관심 가는 재료를 꾸준히 보고 머릿속에 담는다. 관심 가는 것이라면 과자 부스러기 같은 사소한 거라도 꾸준히, 그리고 충분히 모은다. 내 시선이 머무르는 것과 마음이 이끄는 것을 부지런히 수집하고 내가 만들고자 하는 기획안과 연결을 해본다. 기획이 어떠한 일이 되기 위한 계획이라면 일이 되기 위해 여러 가능성과 관심을 펼쳐 놓고 시작한다.

  오늘도 기획자로서 사람들의 고민을 풀기 위해 여행지에서 경험하며 정리했던 키워드를 들춰본다. 금요일이 되면 당장 충청도 서산으로 여행을 떠날 테다. 호떡이 맛있기로 유명한 집이 있다던데 그 호떡을 한입 베어 먹으면서 호떡집의 곳곳을 관찰해볼 것이다. 호떡을 어떻게 만드는지, 내가 어떤 감정을 느끼고 있는지 생각해볼 셈이다. 이런 여행 세포가 축적되면 언젠가 호떡집에서 겪은 고소한 감정을 섞어 재밌는 서비스를 만들 수도 있을 것이다. 이런 나만의 독특한 여행법을, 이 책에서 독자들과 함께 나누려 한다.

차례

프롤로그 | 오늘도 여행을 떠나는 이유 : 5

1장. 기획자의 여행법

여행지 정보를 최대한 수집한다 : 12
뭐든 일단 시작한다 : 18
의미 있는 여행의 조건 : 25
최상의 프레임 만들기 : 28
경험 속으로 풍덩 : 33
기록으로 순간을 박제한다 : 37
질문하는 감각을 유지한다 : 44

2장. 기획자의 습관

기획의 시작은 위하는 마음 : 50
최소한의 외국어를 알아둔다 : 55
관점이 담긴 정보 들여다보기 : 62
데이터로 트렌드 읽기 : 69
대화로 욕망에 다가선다 : 75
틈틈이 자료를 버리고 분류한다 : 81
SNS로 욕망 수집하기 : 87

3장. 기획자의 시선

취향을 큐레이션하는 갈타이어 서점 : **96**
자유 영혼들의 구역 크리스티아나 : **103**
고요하고 평화로운 소도시 바하라흐 : **110**
예술이 일상인 리스본 골목길 : **122**
경험을 전시하는 퀼른의 박물관 : **129**
핸드메이드가 넘치는 뤼른베르크 : **140**
범죄 지역에서 예술 거리로 변신한 라발 지구 : **146**
한때는 투우장, 지금은 문화센터가 된 그곳 : **153**
유럽여행 중 발견한 모빌리티의 미래 : **162**

4장. 기획자의 태도

키워드를 깊이 파고들기 : **170**
반드시 아웃풋을 남긴다 : **177**
어떤 비판에도 나아간다 : **184**
의욕이 없을 때는 내려놓기 : **191**
제대로 된 타이밍을 노린다 : **196**
이득보다 가치를 추구한다 : **200**
설득할 대상을 고려한다 : **204**
기획은 실행을 위한 것 : **209**

1장
기획자의 여행법

여행지 정보를 최대한 수집한다

틈만 나면 항상 어디론가 훌쩍 여행을 떠난다. 이를 위해 평소 여행지에 대한 정보를 꾸준히 모으고 있다. 어디든 떠날 수 있고 무엇이든 만들 수 있다는 전제로 자유롭게 생각을 발산한다. 여행 장소에 한계를 두지 않고 머릿속 상상만으로 여행지에 대한 단서들을 수집해 나간다.

걸어서 5분 내외로 갈 수 있는 카페부터 한 시간 내외로 갈 수 있는 파주, 아니면 언젠가 갈 수 있겠다 싶은 이탈리아와 프랑스의 맛있는 빵집까지 가고 싶은 곳을 최대한 많이 수집하는 작업을 먼저 시작한다. 여행을 두 발로 걸어 실행하는 것 못지않게 중요한 것이 갈 수 있는 장소나 특징을 파악하여 수월하게 떠날 수 있는 환경을 만드는 것이기 때문이다.

아무리 돈과 시간이 많더라도 어느 날 갑자기 가고 싶은 장소를 떠올리려면 막막해지니 미리 여행 가고 싶은 장소를 생각해 보는 것이다. 여행 가고 싶은 곳은 틈틈이 수집해야 한다. 나는 '리스본행 야간열차'라는 영화를 보며 리스본이란 도시 정보를 수집하기도 하고, 강남역에 쉑쉑버거가 등장했을 때 뉴욕에 가고 싶다는 생각을 수집했다. 신문기사를 보다가도 맘에 드는 장소가 나타나면 수집했다. 이렇게 수많은 장소를 수집했다.

새로운 차원의 경험은 항상 낯설기에 어디서부터 어떻게 시작해야 할지 난감한 경우가 많다. 그때 미리 모은 정보를 들춰보면 현재 상황에 잘 어울리는 여행지를 선택할 수 있다.

여행은 자유로운 발산으로부터 시작되는 게 아닐까 생각한다. 제약 없이 내 마음에 드는 정보들을 찾으려다가 원하는 콘셉트대로 분류해보면 여행의 방향이 된다. 어떤 여행을 하고 싶고 어디를 갈 것이며 무엇을 위해 여행하는지를 계획할 수 있다면 이미 여행은 시작된 셈이다. 충분한 정보가 모이면 모일수록 여행 콘셉트를 만들어 나가는 데 편하다.

자유롭게 생각을 펼치기 어려울 때 '만약에'라는 단어로 의도적으로 '말도 안 되는 생각을 써보며' 훈련을 해본다. 의도적으로 시간을 들여 훈련을 반복하다 보면 하루 이틀 정도 지나 조금은 말랑말랑해진 생각을 마음껏 발산하게 된다.

처음부터 한계를 긋고 고민하면 너무 한정적일 수 있다. '나는 차가 없으니까 강원도는 생각하지 말아야지, 돈이 없으니까 여행은 무슨' 이렇게 규정해버리는 순간 아예 여행할 엄두조차 못 낸다. 기획안을 만들 때도 '아이디어 워크숍을 진행할 때 통신이 안 되는데 그걸 어떻게 만들지? 비슷한 게 이미 나왔는데 우리가 만들어도 될까?' 등 알고 있는 지식으로 규제를 하면 생각하기를 멈추게 된다. 중요한 건 미리 환경을 판단하고 생각의 씨앗을 재단하지 않는 것이다. 모든 준비 과정에서 일단 몽상가처럼 자유롭게 부유하며 씨앗을 모으는 데 집중을 한다.

내 개인 다이어리에는 언제든 떠나고 싶은 장소 리스트가 50개 넘게 적혀 있다. 언젠가 떠날 수 있다는 전제로 오늘도 꾸준히 여행 장소를 수집해 나간다. 회사 다이어리엔 만들고 싶은 아이템에 대한 메모가 자유롭게 그려져 있다. 내 열망에 따라 오랫동안 다양한 형태의 씨앗을 확보한다. 방향성을 잡을 수 있을 만큼 충분한 양의 아이디어를 보유하고 있다면, 언제든 여건만 되면, 내가 원하는 방향으로 여행할 수 있을 테니 말이다.

  그러니 관심 있는 만큼 여행에 대한 사전 아이디어와 정보를 많이 수집해두면 좋다고 생각한다. 여행이든 기획이든 충분한 아이디어를 만든 뒤 지워 나가는 것이 아무런 아이디어도 없는 상태에서 실행해 나가는 것보다 훨씬 수월하기 때문이다. 그러니 오늘도 임계치를 넘어서길 바라는 마음에서 제한 없이 정보를 모으고 아이디어를 떠올려 나가야겠다.

여행 작가의 여행 정보 검색 노하우

여행 정보를 어디서 얻을 수 있을까? 여행의 목적에 따라 다른 출처에서 여행 정보를 찾을 수 있다.

1. 트렌디한 여행을 원한다면
만약 여행 목적이 사진 찍기 좋은 장소나 사람들이 자주 가는 맛집을 찾기 위해서라면 네이버 길 찾기, 카카오 내비게이션, T맵에서 사람들이 많이 저장한 장소 위주로 찾아간다. 독특하고 이색적인 여행 장소는 주로 패션 잡지나 여행 전문 잡지를 통해 발견할 수 있다.

2. 조용한 휴식을 위해서라면
휴양마을이나 시골집, 정원 카페를 주제로 한 네이버 커뮤니티에서 정보를 얻는다. 도시에서 한두 시간 정도 떨어진 근교로 나와 내비게이션을 켜고 놀 거리라고 검색을 하면 좋다.

3. 현지인 추천 맛집이 궁금하다면
키워드로 현지인 추천 맛집을 입력하거나 관심 있는 카페 사진을 캡쳐한 다음 이미지 검색을 하여 유사한 분위기의 카페나 맛집을 검색해본다.

4. 취향에 맞는 짧고 효율적인 여행을 하고 싶다면
이때는 전문가의 도움을 받는다. 에어비앤비나 마이리얼트립 등에서 현지인이 직접 운영하는 여행 프로그램을 신청한 다음 미리 내가 좋아하는 테마를 전달한다. 내 경우 초콜릿과 커피를 좋아해 세계 어디를 가더라도 항상 초콜릿 맛집과 괜찮은 카페를 추천받고 직접 음미한다.

이렇게 여행지를 찾는 방법은 그 목적에 따라 다양하다. 방향 없는 정보 찾기를 하면 시간만 많이 소요되고 노력 대비 불필요한 정보를 접할 확률이 높으니 목적에 맞춰 정보를 수집하고 모으는 것이 중요하다.

뭐든 일단 시작한다

여행하려면 일단 떠나야 한다. 돈, 시간, 여행 동선, 숙박시설 등 고려할 게 한두 개가 아니지만 떠나지 않으면 다 소용없는 일이다. 얼마 전엔 '집에서 10분 정도면 도착하는 합정역 여행을 떠나볼까'라고 생각했다가 전염병이 무서워 차를 타고 전라북도까지 내려간 적이 있었다.

처음엔 가볍게 시작한 여행이었지만 일단 여행하기로 마음먹고 이동수단에 올라타면 그때부터 가속도가 붙어 낯선 장소로 떠나기가 쉬워진다. 합정역을 구경하려고 했다가 평택으로, 천안으로, 결국 전라북도 익산으로까지 가서 2천 원짜리 탕수

육 한 그릇을 비웠던 기억이 난다. 수십 년간 명맥을 이어온 만두와 옥수수 식빵을 뜯어 먹으면서 역시 여행은 떠나야 제맛이라고 생각했던 기억이 난다.

완벽함을 바랄수록 여행이 어려워진다. 인스타그램에서나 볼 수 있을 법한 여행을 꿈꿀수록 떠나기가 부담스럽다. 이것도 챙겨야 할 것 같고 저것도 준비해야 할 것 같아서 머리만 복잡해지게 된다. 돈과 시간이 모두 신경 쓰이면 여행을 준비하는 시간 자체가 스트레스로 다가올 수 있다.

하지만 여행을 가볍게, 발길 닿는 대로 이동하는 것이라 생각하면 한결 마음이 편해진다. 어딘가 떠나 기분을 전환하고 싶다는 생각으로 그저 이동수단 티켓 한 장만 사도 그만이다. 여행으로 뭔가를 이루거나 성취하는 게 아니라 그저 낯선 장소에 한 번 가보는 것이다. 지하철이나 버스가 이동시켜주는 장소에 도착해 탐험해 보는 것이다. 세상에 완벽한 여행은 없다는 생각으로 마음껏 배회하는 것이다. 핵심은 여행을 아주 가볍게 생각하면서 설렘과 위안을 주는 공간을 탐구해 보는 것이다.

여행처럼, 기획도 시작이 가장 중요하다고 생각한다. 무언가를 만드는 작업은 시작이 없다면 아무것도 없다. 뭐든 창조하는 일은 어디서부터 어떻게 해야 할지 정확한 단계가 없는 경우가 많다. 이렇게 모호하면 결국 주저하게 된다. 특히 시장의 판도를 바꿀 아이템, 매출을 올릴 수 있는 킬러 아이템과 같은 거창한 수식어가 붙을수록 시작이 어려워진다. 이럴 땐 의도적으로 가장 부담이 적은 일부터 일단 시작하고 본다.

예를 들어 그냥 옆 사람과의 대화부터 시작하는 것이다. 지난 주말에 갔던 술집 이야기라 할지라도 기획을 염두에 두고 들으면 도움이 될 수 있다. 관련 분야의 사람 최소 세 명을 찾아가 각자의 이야기를 인터뷰해볼 수도 있다. 고객을 만나거나 내게 업무를 요청한 사람을 직접 만나 문제점과 불편한 점을 들어볼 수도 있고 관련 책자를 찾아볼 수도 있다. 발걸음을 옮기는 것에서부터 여행이 시작되듯 기획 역시 지금 시점에서 가장 손쉽게 할 수 있는 것부터 시작한다는 점이 핵심이다.

일단 시작하면 가속도가 붙는다. 마치 지하철에 몸을 맡기면 이동에 가속도가 붙는 것과 마찬가지다. 아무리 어렵게 보이는 일이라도 가볍게 생각하고 앉아 들여다보면 어느 순간 저절로 돌아가게 된다. 최소한의 노력으로 쳇바퀴를 한번 돌려놓고 기획서가 계속 굴러가게 만드는 작업을 하는 것이다. 가장 중요한 점이 시작이라면 그만큼 중요한 건 지속이다.

대학생 때 아프리카 카메룬에 간 적이 있었다. 카메룬은 울창하고 광활한 자연환경을 자랑하고 있었지만, 한국에서 내가 누리던 행복을 기대하기 어려웠다. 따뜻한 물에 샤워하고 가끔 분식집에서 떡볶이 한 그릇 비워 먹는 소소한 즐거움은 누릴 수 없었다. 흙탕물이 안 나오면 다행이었고 닭고기를 먹으려면 직접 생닭을 잡아야만 하는 환경이었다. '다시 한국으로 돌아갈까?'라는 생각을 수없이 했지만 결국 낯선 환경에 적응했었다.

여행 중 만난 낯선 환경에 내 몸이 적응할 시간이 필요하듯 조금씩 관련 분야의 연구를 지속해 기획에 적응해 나가는 시간도 필요하다. 가벼운 마음으로 매일매일 기획에 접근한다면 누구나 창의적인 기획을 할 수 있다고 생각한다.

창의적인 생각은 모든 것을 완벽하게 하겠다는 마음가짐으로는 절대 떠오르지 않는다. 오히려 관련 분야의 사람과 부담 없는 대화를 나눌 때 슬그머니 고개를 내밀기 시작한다. 뭐든 좋으니 단 한 사람의 이야기라도 들어보고 단 하나의 키워드라도 수집해 나가는 과정이 필요하다. 일단 작은 시작을 지속해 나간다면 어느새 눈덩이가 불어나듯 기획에 점점 가속도가 붙어 논리적으로 사람들을 설득시켜 나갈 수 있게 될 것이다.

여행이든 기획이든 시작하면 어떻게든 굴러간다. 그 후 완성도를 높이는 건 어렵지 않다. 여행과 기획 모두 결과는 아무도 예측할 수 없다. 끝내주는 결과가 나올지 인생에서 지우고 싶은 결과가 나올지 예측할 수는 없겠지만 가볍게 시작한다면 적어도 할까 말까 고민하는 시간은 줄일 수 있다.

항공권 저렴하게 구하는 팁

여행 비용 때문에 심란하다면 부지런히 준비해서 비용을 절약할 수 있다. 특히 해외여행을 갈 때 항공권을 미리 예매하면 비용이 크게 줄어든다. 어떻게 하면 항공권을 저렴하게 구매할 수 있을까?

1. 항공사별 특가 할인 이용하기

항공사마다 일정 기간에만 판매하는 특가 항공권이 있다. 항공권 사이트에 들어가 미리 회원 가입을 해 놓으면 특가 판매가 시작되기 며칠 전에 안내 메일이나 문자를 받을 수 있다. 이때 항공권을 저렴하게 구매할 수 있다. 특가 항공권은 경쟁이 치열하니 판매 시작 전에 사이트를 띄워놓고 로그인까지 완료해 놓는 전략도 필요하다.

2. 4개월 전에 항공권 구매하기

항공 할인 사이트인 스카이스캐너가 전 세계 22개국의 항공 티켓을 분석한 결과 4개월 전에 항공권 가격이 가장 저렴한 것으로 나타났다. 이후엔 출발 날짜가 가까워질수록 항공권 가격이 올라가는 모습을 보였다. 성수기 땐 예약 가능한 좌석이 아예 없을 수도 있으므로 3~4개월 전에 미리 항공권을 구매하는 것을 추천한다.

3. 평일에 항공권 구매하기

사람들이 많이 찾는 시기에 항공권을 구매하면 그만큼 가격이 올라간다. 일부러 사람들이 덜 찾는 요일, 덜 붐비는 이른 아침이나 새벽에 저렴한 항공권을 선점하면 좋다. 일반적으로 금요일과 주말에 항공권을 검색해서 월요일부터 수요일 안에 구매를 완료한다. 요일별 항공권 가격은 항공사나 할인 항공권 사이트마다 다를 수 있지만, 원활한 구매를 위해서라도 사람들이 덜 몰리는 시간대에 구매한다.

4. 땡처리 항공권 구매하기
동남아시아는 땡처리 항공권을 통해 저렴하게 떠날 수 있다. 여행사에서 단체 항공권을 구매했다가 인원 모집이 되지 않는 경우 땡처리로 파는 경우가 있다. 따라서 갑작스럽게 여행을 떠나게 될 땐 땡처리 항공권부터 먼저 알아보면 저렴한 가격으로 여행을 떠날 수 있다.

의미 있는 여행의 조건

한번은 친구와 밥을 먹다 여행 이야기가 나왔다. 친구는 여행 가서 돈만 쓰고 오는 것 같다고 하소연했다. 여행이 현실 도피처럼 느껴진다는 말과 함께 당분간 여행은 가지 않겠다고 했다. 이탈리아 피렌체에 다녀왔지만, 손가락으로 사진을 하나씩 넘겨보며 허탈한 얼굴로 이야기를 건넸다. 안타까웠다.

쓸데없는 돈 낭비를 의미 있는 여행으로 바꾸는 것은 여행의 목적이다. 여행하는 목적이 분명하면 정해진 방향에 따라 여행지가 선택될 수밖에 없다. 여행이 쓸데없는 돈 낭비라고 생각될 땐 목적이 없어서인 경우가 많다. 여행 가는 목적은 거창할 필요가 없다. 너무 피곤해 물에 몸을 녹이고 싶을 수도 있고 아름다운 미술관에 가보고 싶을 수도 있다. 진짜 원하는 것을 목적으로 정하면 된다.

"어디로 여행 갈까? 왜 여행 가고 싶은데?"
"여행 가면 좋으니까."
"아니 너한테 왜 좋은 건데. 그런 얘기 말고 좀 더 솔직한 생각이 궁금해."
"응? 그런 거 없는데…."
"SNS에 자랑하고 싶은 거야? 아니면 푹 쉬고 싶은 거야? 가장 원하는 게 뭐야?"

나는 여행의 목적을 '여행 책 완성'으로 정한 경우 여행 동선을 취재로 빼곡히 채운다. 하루에 수십 개가 넘는 상점을 돌아다니고 여러 음식점에서 음식을 조금씩만 먹으면서 여행 책의 데이터를 만들어 간 경험이 많다. 방 안에 헬스장이 마련된 스위트 룸에도 가고, 수용소 같은 숙소에도 가고, 바나나 삭힌 음식과 같이 내키지 않는 것도 정보를 위해서 맛을 본 경우가 있다.

만약 그저 편안히 경치를 즐기고 싶은 부모님과 함께 여행 책 취재를 떠났다면 부모님도 화가 났을 테고 나에게도 이도 저도 아닌 최악의 여행이 됐을 수 있다. 어떤 목적도 괜찮지만, 목적을 솔직하게 해야만 만족하는 여행이 될 수 있다. 목적은 본인의 가장 은밀한 욕구인데 솔직하지 않거나 외면해서 여행에 문제가 생기는 경우가 종종 있기 때문이다.

여행의 목적을 정한 뒤 해결할 문제를 생각한다. '단기간 내 효율적인 라오스 여행 취재'가 목적이라면 해결할 문제는 새로 생긴 레스토랑 4곳과 관공서에 대한 정보 수집, 라오스 현지 예술가 정보 수집 등이다. 신혼여행의 목적을 가성비 좋고 이국적인 곳에서 쉬다 오는 것으로 정했다면 특가 비행기 표를 구매해 쿠바와 같이 하루 숙박료가 저렴한 나라로 선택지를 좁힐 수 있다.

나는 여행을 떠나기 전에 어떻게든 목적을 정리하고 출발한다. 이왕이면 어떤 문제를 해결해야 하는지도 함께 생각해보면서 내게 필요한 여행을 계획한다. 함께 가는 여행이라면 서로의 목적을 사전에 충분히 확인하고 인지한다. 기획자이기 때문이다.

최상의 프레임 만들기

기획자로서 여행을 갈 때 가장 심혈을 기울이는 부분은 바로 프레임이다. 프레임은 어떤 기준으로 무엇에 하이라이트를 찍고 콘텐츠를 만들지 미리 정하는 나만의 방식이다.

미리 프레임을 정한다고 하면 낯선 환경에서 다양한 것을 보고 느끼는 데 오히려 제약이 되지 않을까 생각할 수도 있지만, 내 경우엔 그냥 지나칠 수 있는 장면에 프레임을 씌우는 순간 한 번이라도 더 들여다보고 생각하는 계기가 되었다. 가끔은 너무 많은 정보가 쏟아질 때 여행의 방향을 다시 잡아주는 이정표가 되기도 한다.

스페인 여행 당시 미리 만든 나만의 프레임은 '모빌리티 서비스 기획'이라는 방향이었다. 스페인의 모빌리티 서비스에는 어떤 것들이 있고, 작동 방법은 어떠하며 무엇이 편리했는지, 미리 질문을 만들었다. 6공 바인더에 해당 질문을 적은 페이지를 10장 정도 프린트한 다음 여행지에서 들고 다니면서 기록하고 숙소에서 정리하는 방식으로 활용했다. 이동할 때도 상기시키기 위해 핸드폰 메모장에 넣은 뒤 핸드폰을 켜면 바로 나타나는 화면으로 설정했다.

막상 스페인 말라가에 가보니 모빌리티 외에도 매력적인 게 너무나 많았다. 시원한 상그리아부터 초콜릿, 빠에야, 타파스까지 맛있는 음식을 먹고 즐기느라 가끔은 모빌리티라는 단어가 머릿속에 생각조차 나지 않았다. 그때 웃고 즐기다가도 핸드폰에 적힌 프레임을 보면 관심 있게 봐야 하는 것이 무엇인지 생각하게 되었다. 호텔로 이동할 땐 택시가 아니라 킥보드를 타고 갔던 기억이 난다. 이처럼 프레임은 분산된 관심을 일관성 있게 모아주면서 재료를 정돈할 수 있도록 도와주는 역할을 한다.

프레임은 그냥 스쳐 지나갈 수 있는 시간을 특별하게 만들어주는 마법의 도구다. 우리는 여행하는 24시간을 기억하는 게 아니라 특별한 사건을 기억한다. 특별한 사건을 만들어주는 것이 미리 만든 프레임이다. 택시를 보고 아무런 감흥이 없던 내가 모빌리티 서비스라는 프레임을 갖고 택시를 보면 스페인에서는 지역마다 택시 색깔이 다르다는 것을 알게 된다. 사람들이 킥보드를 많이 이용하도록 만들기 위해 제작한 쿠폰이나 이벤트 티켓 하나까지도 소중해진다.

나는 여행 준비를 최상의 프레임 만들기로 시작한다. B5 용지에 펀치를 뚫어 바인더로 만들어 놓고 종이테이프 20개 정도를 미리 뜯어 놓는다. 상단에 여행 날짜, 이번 여행의 키워드 몇 개만 적어놓으면 끝이다. 키워드는 내가 여행을 통해 얻고 싶은 것, 궁금한 것들 위주로 미리 생각한다. 가령 전주 한옥마을로 여행을 간다면 맛집을 키워드로 삼고, 충남 아산으로 여행을 간다면 힐링을 키워드로 삼는다. 이렇게만 준비해도 여행을 기록하기가 한층 수월해진다.

키워드를 잡고 글을 쓰는 것까지 완료하면 낯선 장소를 여행하다 키워드 옆에 생각을 쓰기 쉬워진다. 장담하건대 백지에 여행 기록을 남기는 것보다 열 배는 편하고 이 자료가 쌓이면 자신만의 시선으로 해석된 콘텐츠가 탄생하게 된다.

'에이, 여행 자체에 집중해야지. 키워드와 프레임은 다 뭐야, 일하러 간 것도 아니고.' 이렇게 생각할 수도 있다. 하지만 나는 형태가 내용을 지배한다고 생각한다. 가족과의 추억 남기기를 키워드로 정하면 엉뚱한 체험을 중간에 넣어 추억으로 남을 요소를 극대화할 수 있다. 추억거리에 초점을 맞춰 여행 중간중간에 교복 사진을 찍거나 쿠킹 클래스에 참여할 수도 있다. 그럼 그냥 흘러가는 여행보다 훨씬 즐거워지지 않을까.

현업에서 종종 형식에 집착하지 말고 콘텐츠를 만들자는 이야기를 듣지만, 형태가 없는 콘텐츠는 설득이 되질 않는다. 콘텐츠도 중요하지만, 그 콘텐츠를 이끌어 가거나 전달할 수 있는 프레임에도 공을 들여야 한다. 프레임과 키워드가 존재할 때 특별한 여행이 탄생할 수 있다고 생각한다.

나는 베트남과 카메룬에서 거주까지 했었지만, 사전 준비 없이 갔다가 돌아와 시간이 지나니 그때의 기억이 잔상처럼 남아 있을 뿐이다. 반면 여행 책을 만들고자 떠났던 라오스나 스페인의 경우 프레임을 세워놓고 여행을 다녀왔더니 그때의 자료 몇 장만 훑어봐도 음식, 건축 양식 등등 재미있는 경험들이 떠오른다. 심지어 과자 껍데기까지 미리 준비한 바인더에 종이테이프로 박제해 당시의 생생한 기억을 더듬는 데 도움이 된다.

여행이 맛있는 음식이라면 여행을 더 잘 기록하기 위한 프레임은 그릇이다. 프레임은 나만의 관점이 담긴 의지이기도 하면서 음식 맛을 더 돋우기 위한 정성이기도 하다. 국은 정말 감칠맛 나는데 국그릇이 없어 담아내질 못하거나 비닐봉지에 담아 맛이 떨어지는 게 가장 아쉽다. 미리 프레임이라는 그릇을 준비해보자. 소박한 그릇이라도 찬장에 준비되어 있으면 마음이 한결 편하지 않을까.

경험 속으로 풍덩

📍 "있잖아, 올해 뭐가 가장 좋았어?" "우리 엄청 힘들게 버스 두 번 타고 굽이굽이 헤레즈 갔던 거?" 차를 타고 집으로 돌아오는 길에 문득 남편과 이런 이야기를 나누게 되었다. 순간순간이 모두 특별하다고 의미를 부여할 수 있겠지만, 우리 부부의 공통 화제는 단연 여행, 그중에서도 함께 공유한 에피소드였다. 가파른 경사 길을 한참 올라가 간신히 발견한 슈퍼마켓에서 사 마신 오렌지 주스의 맛, 아무도 없는 수영장에서 신나게 수영하며 웃었던 기억이 오랫동안 가슴에 남는다.

그래서일까. 언제부터인가 여행을 할 땐 되도록 그 문화에 풍덩 들어가 경험을 해보려고 노력한다. 라오스에서는 6명의 사람과 함께 라오스 전통요리를 만들어 보았다. 열대 야자수가 우거진 밀림 안에 들어가 울창한 초록빛 경치를 바라보며 마늘을 까고 레몬을 다지기 시작했다. 라오스에 어떤 전통요리가 있는지 몰랐지만, 쌀을 씻고 가지를 으깨며 요리를 완성해내는 사이 라오스 전통 음식에 대한 사랑이 선명해졌다.

강원도 정선을 떠올리면 가장 먼저 카지노가 생각났다. 나와는 거리가 먼 도시라고만 생각했었다. 우연히 소셜커머스 플랫폼에 바나나를 구매하러 들어갔다가 2만 원이라는 말도 안 되는 가격에 정선 여행을 다녀오는 프로그램을 발견하게 되었다. 냉큼 구매하고 꼭두새벽에 일어나 남편과 정선 여행을 함께하게 되었다. 하루 동안 수리취떡도 만들고 정선 전통시장도 들르는 일정이었다. 남편과 나란히 앉아 수리취떡을 오밀조밀 빚고 야금야금 먹는 사이 정선은 카지노의 도시가 아닌 소중한 추억이 함께하는 도시, 내가 처음으로 떡을 빚어본 도시가 됐다.

오랫동안 이야기할 거리가 무궁무진할 때 흥이 생긴다. 타인과 추억을 공유하는 순간 더 친밀감이 생긴다. 아름다운 순간들을 수집하고 또렷하게 기억하면서 인생이 좀 더 다채로워진다.

온몸을 경험 안에 풍덩 던지는 순간 경험이 쉽게 잊히지 않는다. 라오스 쿠킹 클래스, 정선 수리취떡 만들기 체험은 지금도 생생하게 기억나지만 사실 3~4년 전 일들이다. 아마 10년이 지났을 무렵에도 여전히 생생하게 기억하고 있을 것 같다. 라오스의 음식에 대해 글로 읽은 수준이었다면 마치 어제 점심 메뉴를 오늘 기억하지 못하듯 아주 쉽게 잊어버렸겠지만, 나는 라오스의 음식을 손끝으로 기억한다.

왜 글로 본 정보는 쉽게 지워지지만 직접 경험하면 잊히지 않는 것일까? 장기 기억이 되려면 오랫동안 계속 생각이 나야 하고 특별히 인상적이야 하는데 소유보단 경험이 장기 기억으로 자리매김하는 데 유리한 측면이 있기 때문이다. 경험엔 오감이 동원되고, 경험하고 나면 이야깃거리가 많아져 회상하기가 좋다. 그런데 컴퓨터 용량처럼 뇌도 저장량에 한계가 있지 않을까? 이런 의문을 갖기 쉽지만 장기 기억에 저장되는 용량은 무한대로 볼 수 있고 기한도 현존하는 연구에서는 정량화된 것이 존재하지 않는다. 그러니까 경험을 하면 할수록 추억의 양은 무궁무진해지고 이야깃거리도 풍부해지는 것이다.

언제부턴가 소유를 줄이고 경험을 늘리는 여행을 추구하고 있다. 여행 계획을 세울 때 언제나 경험을 최상위에 올려놓는다. 특별한 투어나 흥미로운 맛집을 발견할 때면 몇 걸음 더 걷고 바쁘게 손을 움직여 경험해본다. 사람을 기쁘게 하는 기획자, 특별한 서비스를 제시하는 기획자가 되기 위해 나는 내가 무엇에 행복을 느끼는지부터 바라본다.

기록으로 순간을 박제한다

나는 여행 중에 참 많은 기록을 한다. 그 이유는 오랫동안 기억하기 위해서 혹은 금방 잊기 위해서이다. 언뜻 보면 상반되는 논리라고 할 수 있지만, 목적에 따라 기록을 다양하게 활용해볼 수 있다. 순간을 영원히 박제하고 싶을수록 기록은 필수이다.

기록이 앞으로의 인생에 어떤 영향을 미칠지 아무도 예측할 수는 없지만 좋은 씨앗을 많이 수집하기 위해서라도 기록을 남겨야 한다. 나는 기획자다. 일을 할 수 있도록 계획을 하는 사람들을 기획자라고 생각한다. 그래서 의도적으로라도 소중한 순간들을 많이 만들어 박제해야 한다고 생각한다. 감동적인 순간, 포근한 순간, 행복한 순간들을 자주 경험하고 씨앗을 많이 모아두면 내 기획에 거름이 되어 좋은 영향을 줄 수 있지 않을까.

기록이라고 해서 종이에다 펜을 들고 쓰는 것만 떠올릴 필요는 없다. 여행처럼 이동이 잦은 환경일수록 펜을 들고 종이에 쓰는 건 쉽지 않다. 상황에 따라 다양한 방식을 활용할 필요가 있다.

1. 목소리로 하는 기록

이동이 많은 여행일수록 앉아서 천천히 생각을 정리할 여건이 안 될 수 있다. 그럴 땐 녹음기 버튼을 눌러 목소리로 빠르게 순간을 기록한다. 혼자 중얼중얼 목소리를 녹음하고 있으면 이상한 사람 취급을 당할 수 있으니 핸드폰을 귓가에 댄 채 통화하는 것처럼 기록하면 좋다. 이렇게 하면 걸어가면서도 걷고 있는 풍경, 1초 뒤 사라질 수 있는 순간이 빠르게 박제된다.

2. 손으로 하는 기록

손으로 하는 기록일수록 사진을 찍어내듯 담아내려고 노력한다. 너무 정성스럽게 기록하려고 하면 오히려 손이 잘 안 가기 때문에 빠르지만 방대하게 기록을 한다. 그래야 나중에 일상으로 돌아왔을 때 조금이라도 나의 관점으로 이야기를 풀어나가기가 수월하다. 현지에서 하는 메모는 마트에서 장을 보는 마음으로, 수집된 기록을 재편집하는 과정은 집에서 요리하는 마음으로 한다. 그렇게 여행지에선 다양한 관점의 글감을 모아놓는 편이다.

나는 디지털 기기를 최소화하고 직접 손으로 기록하는 편이다. 하얀색 종이와 볼펜만 있으면 생각을 빠르게 담을 수 있다. 준비물 역시 최소화한다. 돌아다니다 잠시 쉴 때 그날 갔던 곳들을 돌아보며 짧게 감상을 남긴다. 이를 위해 어느 장소에 가더라도 작은 노트와 펜은 꼭 하나씩 챙기는 편이다. 언제 어디서든 쉽게 기록할 수 있도록 말이다.

3. 영상, 사진으로 하는 기록

나는 독특하다 싶으면 사진이나 영상으로 바로 촬영하는 편이다. 그 순간이 증발하지 않도록 남겨놓는다. 때론 사진으로 담을 수 있는 장면이 너무 한정적이라 현장을 미처 다 담아내지 못한다고 생각할 땐 천천히 그림을 그려 감정을 오롯이 담아내려고 노력한다. 사진에든 영상에든 최대한 그날의 분위기, 감정, 색깔, 구도를 담아내려고 한다.

4. 브로슈어 자료로 하는 기록

단순히 글만 써서 포착해 내기가 쉽지 않은 순간이 있다. 그럴 땐 기록하고 싶은 순간 먹은 사탕 봉지, 과자 봉지, 심지어 카페에서 수집한 영수증을 모아 그 위에 글을 쓴다. 나는 티켓과 같이 무언가를 쓸 만한 공간이 있는 종이가 생기면 적극적으로 메모하는 편이다. 일상으로 돌아왔을 때 빠르게 기억을 소환할 수 있는 장치라고 생각되면 무엇이든 기록의 도구가 된다.

이때 중요한 건 자주 기록해야겠다는 마음이다. 물론 발끝부터 천장까지 모든 순간을 다 담는다면 나중에 기억을 더듬을 때 많은 단서가 있어 편하겠지만 애초 모든 순간을 완벽하게 재현해 담기란 불가능하다. 대신 단서들을 많이 수집하기 위해 '자주' 기록해 나가는 것이 훨씬 유용하다.

자주 기록하겠다는 말의 의미는 한 단어라도, 단 한 줄이라도, 일단 쓴다는 것이다. 수려한 문장은 아니어도 순간의 단서가 될 수 있는 키워드라면 기록해 놓을 가치가 있다. 나중에 그 기록을 다시 들여다보면 많은 것들이 선명하게 생각날 것이다.

기획자처럼 여행하기 위한 필수 준비물

1. 영양제

여행의 목적에 따라 다르지만 뭔가 배우거나 취재를 위한 여행을 떠나는 경우 영양제를 챙긴다. 의외로 하루에 수집하고 챙겨야 할 정보의 양이 많다. 특히 여행책 집필을 위해 여행을 하면 하루 사진 찍는 양만 평균 1,000장 이상이다. 오랫동안 무거운 카메라를 들고 돌아다녀야 하기 때문에 체력이 무척 중요하다. 체력을 사수하기 위해 반드시 영양제를 챙겨간다.

2. 일회용 비닐 팩

기록이 중요하기 때문에 매직으로 비닐 팩에 미리 날짜나 요일을 적어 놓는다. 자질구레한 종이쪽지나 영수증은 적혀 있는 날짜에 맞게 구겨 넣는다. 숙소에 돌아와 비닐 팩에 담긴 영수증을 바인더에 붙이거나 핸드폰 카메라로 찍어 보관한다. 휴지 조각이나 과자 봉지도 수집 대상이라면 결코 소홀히 다루지 않는다.

3. 펀치

종이 뭉치는 자칫 잘못 보관했다가는 모두 잃어버릴 수 있다. 그래서 작은 펀치 하나를 들고 가서 용도에 따라 묶는다. 바인더가 있으면 종이를 바인더에 끼워 넣고 없다면 실이나 고무줄로 끼워 하나의 고리를 만들어 보관한다. 열흘 이상 여행을 떠날 땐 펀치가 의외로 자료 정리하는 데 많은 도움을 준다.

4. 엽서 북

여행지에서 만난 사람들로 여행의 이미지가 달라지는 경우가 많다. 이들에게 작은 감사 표시로 엽서나 선물을 남기기 위해 엽서 북을 챙겨간다. 한국말을 전혀 모르는 사람도 한국어로 고맙다고 써주면 좋아했던 기억이 난다. 감사의 순간을 기록으로 전하고 싶다면 엽서 북도 꼭 챙겨야 할 아이템 중 하나이다.

질문하는 감각을 유지한다

모처럼 휴가 기간에 집에서 밥을 먹다 우연히 '홈랜드(Homeland)'라는 미드를 보게 되었다. 버락 오바마 대통령도 즐겨 보았다고 할 정도로 유명한 작품이다. 아랍 테러리스트들과 CIA 간의 팽팽한 신경전을 묘사하며 미국 정부와 아랍 강경세력 간의 대치 구도를 살펴볼 수 있는 드라마다.

테러를 소재로 해서 서로 싸우고 전쟁하는 드라마를 예상했지만, 포스터가 강렬해 시청하게 되었다. 아랍 테러리스트와 CIA에는 살면서 특별히 관심이 없었는데 드라마를 통해 간접적으로 테러 정황을 보니 볼수록 궁금한 것들이 생겨났다.

왜 미국과 이라크는 전쟁을 하게 되었을까? 정말 대량 학살 무기 때문에? 테러를 하는 진짜 이유는? 이렇게 평소에는 관심이 없던 주제에 대해 생각해보게 되었다. 드라마가 하나의 트리거가 된 셈이다. 어쩌면 내가 알고 있는 정보가 누군가에 의해 조작된 것은 아닐지, 숨겨진 진실이 있는 것은 아닐지도 생각해보게 되었다. 이렇게 괜찮은 드라마는 평소 수동적으로 받아들였던 정보를 돌이켜보고 다시 생각해보게 한다.

여행도 마찬가지다. 훌쩍 떠난 덴마크의 크리스티아나에서 나는 끊임없이 '왜?'라는 질문이 생겼다. 코펜하겐에는 크리스티아나라는 특정 자치구역이 존재한다. 코펜하겐은 디자인 도시로 알고 있었고 어디를 걸어도 북유럽 감성의 깔끔한 분위기를 느낄 수 있었지만 크리스티아나만큼은 달랐다. 사진을 찍지 말라는 안내 문구가 곳곳에 부착되어 있고 심지어 거리에서 대놓고 마약을 판매하고 있었다. 이렇게 신기한 광경을 보게 되면 의도적으로 '왜 마약을 판매하는지, 왜 그곳은 다른지' 질문을 시작한다. '왜?'라는 질문을 하게 되면 현상의 배경을 읽게 되고 결국 공간에 있는 사람들이 필요로 하는 무언가를 고민하는 데 이른다.

'왜?'라는 질문은 관심 있는 모든 것에 적용할 수 있다. '왜 사람들은 이 물건을 살까? 왜 사람들은 불안한 거지?' 이렇게 '왜?'라는 질문을 하면 드러난 현상을 읽는 감각뿐만 아니라 사람들의 생각, 마음까지도 읽을 수 있다. 어떤 것이 문제의 핵심인지 도출하면 기획하는 데 있어 큰 고비를 넘긴 셈이다. 숨겨진 생각, 욕망을 파악하면 거기에 맞춘 솔루션을 제공할 수 있기 때문이다. 그래서 나는 항상 의도적으로 '왜?'라는 질문을 하며 본질이 무엇인지 파악하려고 노력하고 있다.

평소 '왜?'라는 질문을 자주 던지는 사람과 정보를 수동적으로 받아들이는 사람의 생각 구조는 다를 수밖에 없다. 신체 기능을 열심히 활용하면 발달하지만 잘 사용하지 않으면 퇴화한다는 '루의 법칙'이라는 것도 있다. 관심이 있을 때마다 사람들의 본심을 파악하기 위해 '왜?'라는 질문을 던지다 보면 현상을 본질적인 관점으로 접근하게 된다. 나는 사람들이 원하는 것이 무엇인지, 이야기하고 싶은 것이 무엇인지 알기 위해 끝없이 '왜?'라고 질문하는 감각을 유지하려 노력하고 있다.

사실 이유를 묻지 않고 그냥 정보를 받아들이는 것이 편하고 쉽다. 평소에는 '왜?'라는 감각을 계속 유지하며 살아가기가 어렵다. 하나하나 '왜?'라고 묻기 시작하면 그 자체로 너무 피곤할 수 있다. 하지만 의도적으로 '왜?'라고 질문하는 감각을 계속 유지한다면 기획자로서 훨씬 더 섬세한 시각을 갖게 된다.

나는 오늘도 낯선 환경에 부딪혔을 때, 책을 읽거나 드라마를 볼 때, 의도적으로 '왜?'라는 질문을 건네 본다. 라오스는 어떤 역사를 갖고 있기에 곳곳에 프랑스어가 적혀 있지? 빵은 왜 맛있지? 포르투갈은 왜 에그 타르트가 유명한 거지? 이렇게 여행을 하면서 새롭게 알게 되는 사실에 대해 '왜?'라는 질문을 의도적으로 붙여보는 것이다. '왜?'라는 질문을 거듭하면 거듭할수록 숨어있는 배경과 사람들의 본심에 조금은 가까워질 수 있다.

2장
기획자의 습관

기획의 시작은 위하는 마음

📍 어쩌다 보니 부모님 댁에 다섯 마리의 고양이가 살고 있다. 두 딸이 시집을 가면서 한 마리, 한 마리씩 부모님 댁에 입양됐고 그 고양이들이 새끼 고양이를 낳으면서 고양이 가족이 탄생했다. 고양이의 '고' 자도 몰랐던 우리 가족이 고양이 집사가 됐다. 그것도 다섯 마리의 집사가 된 것이다.

우리 가족에겐 동물에 대한 트라우마가 있었다. 어린 시절 친구처럼 지냈던 털북숭이 뽀삐가 서서히 아프다가 우리 가족을 떠났기 때문이다. 첫 반려동물이라 빈자리도 상실감도 오랫동안 크게 느꼈다. 가족 누구도 20년 동안은 반려동물을 키우자고 이야기하지 못할 만큼, 반려동물에 대한 책임감, 미안함, 부담감이 있었다. 그랬던 우리 가족에게 덜컥 고양이들이 찾아온 것이었다.

딸들의 빈자리를 채우기 위해 고양이를 키우겠다는 엄마 아빠는 우리를 키울 때보다 바쁘신 것 같았다. 화장실도 치우고, 먹이도 주고, 여기저기 할퀸 자국을 메꾸느라 정신이 없으셨다. 그래도 고양이들을 돌보면서 조금씩 헛헛한 마음을 달래시는 것 같았다. 한편으론 어린 시절 뽀삐가 상실감을 주었듯 그냥이, 달냥이, 상냥이가 부모님의 웃음 띤 얼굴에 눈물이 맺히게 할까 봐 괜한 걱정도 되었다.

오랫동안 우리 가족이 건강하고, 행복하길 바라는 마음이 들 때 우연히 고양이 화장실을 비우려고 등을 굽힌 엄마를 보았다. 뼈가 살짝 튀어나온 엄마의 등에 겹겹이 쌓인 주름이 보였다. '엄마 등에 주름이 많네. 매번 고양이 화장실 모래 갈아주기도 힘드시겠다.'

엄마의 굽은 등을 보며 내가 해줄 수 있는 게 있을까를 고민했다. 엄마 대신 고양이 화장실을 비울 수도 있겠지만 단편적인 방법이다. 엄마가 덜 피곤했으면 하는 바람에서 이런저런 상상을 했다. '비용이 저렴하면서도 엄마의 수고를 덜어줄 방법은 없을까. 내가 사랑하는 엄마를 더 편하게 만들 수 없을까.' 이런 작은 씨앗을 가슴속에 품고 기획안을 만들기 시작했다. 이렇게 만든 기획안을 수십 번 프레젠테이션한 끝에 성공적으로 서비스 샘플을 만들어 볼 수 있었다.

기획자는 기획을 잉태하면 아주 연약한 씨앗을 꽃피우기 위해 사랑과 정성으로 돌봐야 한다. 일이 되는 방향으로 만들기 위해선 수많은 이해관계자와의 갈등도 조율해야 하고 비용 문제도 발생한다. 이때 기획자가 작은 씨앗에 대해 사랑을 품지 않는다면 난관을 헤쳐 나가기가 쉽지 않다. 작은 씨앗 자체에 대한 애정도 중요하겠지만 누군가를 위하는 마음이 가장 중요하다. 누군가를 위하는 마음이 없었다면 기획할 필요를 느낄까? 수많은 난관에 부딪힐 때마다 기획이 그대로 침전되지 않을까? 누군가에 대한 사랑은 기획에 있어서 필수적이다.

기획은 번뜩이는 아이디어와 창의적인 생각으로 완성되지 않는다. 머릿속 이야기를 현실로 만들어 가려면 꽤 논리적이어야 한다. 번뜩이는 아이디어나 독창적인 생각이 있더라도 설득하는 과정이 필수이기 때문에 단순 아이디어로는 한계가 있다. 번뜩이는 아이디어가 사랑하는 누군가를 위할 때 설득하기가 쉽고 모두가 필요로 하는 기획이 된다.

기획자는 사랑이 담긴 기획을 어떻게든 누군가에게 공유하고 싶은데 경영자는 다르게 생각할 수 있다. 경영자는 철저히 상업적인 관점에서 고민하게 된다. 그러므로 기획자는 씨앗을 지키고, 자신이 사랑하는 사람들을 위해 경영자를 설득하기 위해서라도 자신의 기획을 사랑해야 한다.

시장에서 기획의 씨앗이 살아남을지 안 살아남을지는 그 누구도 정확히 예측하기가 어렵다. 사회문화적, 경제적인 이슈로 기획의 성패가 좌우될 수 있고 때로는 운도 따라줘야 하기 때문이다. 다만 기획자가 자신의 기획에 진정 애정이 있다면 뜨거운 가슴 아래 냉철한 이성으로 여러 데이터를 제시하며 관계자들을 설득해 나가야 한다. 최종 소비자가 감동하고, 웃을 수 있는 기획을 만들기 위해서는 기획자의 관심, 사랑이 필수다.

기획은 사랑의 집결체이기도 하다. 기획자가 되고 난 뒤 어느새 내 삶의 모든 서비스와 물건들이 다르게 보이기 시작했다. 내가 지금 입고 있는 옷, 노트북, 화장품은 누군가의 사랑 없이는 좀처럼 만나볼 수 없는 제품이나 서비스였을 것이다.

오늘도 내게 물어본다. 과연 내가 하는 이 기획을 사랑하는지, 누군가를 향한 사랑이 있는지를 묻고 또 묻는다. 사랑으로 시작한 기획은 결코 쉽게 무너지지 않는다. 사랑이 있으니 욕심과 열정이 존재한다. 오늘도 내가 진행하는 프로젝트가 누군가에게 사랑으로 전달되길 바란다. 오늘도 사랑하는 이들을 위해 공부하고 기획을 해보려 한다.

최소한의 외국어를 알아둔다

기획자는 다양한 채널에서 정보를 충분히 모아야 한다. 정보를 습득하는 장소가 외국이든 한국이든 상관없다. 기획자라면 정보를 모으고 재가공하면서 기획안의 단서를 계속 만들어 나가려고 노력해야 한다. 이때 외국어를 유창하게 할 수 있다면 그만큼 정보를 얻는 채널이 늘어 무척 편리하다. 특히 전 세계를 대상으로 하는 기획안일수록 외국어를 잘한다면 훨씬 유리한 입장에서 기획을 할 수 있다.

확실히 국내 여행지 정보를 수집할 때와 라오스 여행지 정보를 수집할 때에 모을 수 있는 정보의 폭이 다르다. 국내 여행 정보를 상대적으로 빠르게 많이 접할 수 있는 이유는 일단 내가 한국어를 잘하기 때문이다. 서울 북촌에 놀러 가려고 맛집을 찾는 것과 라오스 루앙프라방의 맛집을 찾는 것은 아무래도 다르다. 외국어가 가능한지 불가능한지는 여행 정보의 질을 결정한다.

그럼 대체 전 세계를 대상으로 하는 서비스나 제품을 기획할 땐 어떻게 언어 장벽을 극복할 수 있을까? 어떻게 하면 좀 더 빠르게 언어의 한계를 벗어나 기획에 필요한 현지 정보를 모을 수 있을까? 나는 늘 현지 정보를 얻을 땐 시험을 보기 위해서가 아니라 기획을 위한 외국어를 배운다는 생각으로 접근한다.

외국어를 잘한다는 정량적인 기준은 없다. 내가 스페인어 '올라!'를 외치면 누군가는 외국어를 정말 잘하는 것처럼 보고 누군가는 생초보라 느낄 수 있다. 외국어를 잘한다는 기준은 무척 주관적이라는 사실을 떠올리며 나는 최소한의 외국어만 접근한다. 기획에 필요한 아주 최소한의 단어만 암기한 다음 질문해보는 것이다. 내가 궁금한 핵심 키워드만 외워 커뮤니케이션하는 것이 중요하다.

기획을 위한 최소한의 외국어, 다섯 문장 암기!

현실적인 생활 정보를 얻기 위해 현지에서 한 번 정도는 꼭 사용하는 생활 언어를 암기하거나 내가 현재 기획하고 있는 키워드와 연관이 있는 문장 5개 정도를 암기한다.

현지에서 소통하는 데 고작 다섯 문장이면 되냐며 말도 안 된다고 생각할 수 있다. 물론 유창하다고 말하긴 어렵겠지만 다섯 문장조차 못 말하는 것보단 훨씬 덜 불편하다. 그러므로 다섯 문장만큼은 철저한 암기가 필요하다. 버튼을 누르면 자동 반사적으로 튀어나올 수 있을 정도로 확실하게 암기하는 것이다. 만약 차량 공유 앱 서비스를 기획한다면 "자동차 공유를 할 때 어떤 앱을 사용하세요?"라는 질문을 암기하는 편이 낫다.

1년 전 모빌리티 서비스 활용 방안을 구상할 때 이탈리아에 가게 되었다. 로마에서 여행하며 동시에 현지 사람들에게 물어보려고 달달 외웠던 질문은 "자동차 공유할 때 무슨 앱을 사용하세요? 음식 주문은 무슨 앱으로 하세요?" 같은 문장이었다. 누가 들어도 정확한 답이 나올 수 있는 질문을 골라 암기하고 현지에서 그대로 사용하면 정보를 얻을 수 있다. 물론 이탈리아어를 전혀 모르니 웨이터나 에어비앤비 숙소 주인이 자세한 이야기를 해줄 땐 고개를 끄덕이거나 허락을 받고 녹음을 할 수밖에 없었지만, 단답형으로 이야기할 땐 바로 해당 서비스를 확인해 볼 수 있어 여행하면서 많은 도움을 받을 수 있었다.

여행을 떠나기 전에 다섯 문장을 적절히 선정하고 연습할 상대를 찾아 시뮬레이션을 해보자. 영미권이나 중화권에서는 쉽게 언어 교환을 할 수 있는 사람을 찾을 수 있다. 소수 언어를 사용하는 국가는 언어 교환을 할 수 있는 사람을 찾기가 어려울 수 있지만, 이럴 땐 아이토키와 같은 어학 어플을 활용해 선생님을 검색하여 반복 연습을 해본다.

물론 이렇게까지 해도 다섯 문장으로 기획을 위한 정보를 충분히 얻을 수 있을지 계속 의심이 생길 수도 있다. 당연히 낯선 환경에서 현지의 생생한 정보를 자세히 얻기란 쉽지 않다. 한국어로 소통할 때도 서로 말은 알아들을 수 있지만, 의사소통이 잘 된다고 할 순 없다.

다만 다섯 문장은 최소한의 노력이자 기획자로서 소통하고 싶다는 의지를 보여주는 것이다. 어눌하지만 꼭 활용할 만한 몇 마디를 할 수 있고 외국인이 알아듣는다면 작은 성공체험을 하게 되는 셈이다. 이렇게 작은 성공체험으로 문장을 조금씩 늘려가며 이야기를 해보는 것이다.

여행을 위한 외국어, 메뉴 5개 암기!

외국어 시험에서는 "소금 빼주세요"라는 표현보다 전치사 다음에는 '-ing'가 붙는다는 공식이 훨씬 더 중요하다. 그러나 기획을 위한 외국어 공부에서는 문법 공식보단 당장 생활에 밀접한 단어나 문장이 훨씬 유용하다. 스페인에서 "소금 빼주세요"라는 한마디를 못하면 거의 매번 처절하게 소금기 진득한 음식을 맛봐야 한다. 다른 문화를 충분히 받아들이되 필요에 따라선 내가 취사선택할 힘이 있어야 한다.

그래서 무조건 메뉴 다섯 개 정도는 암기해야 한다. 라오스 시골 마을로 들어서면 현지어로 적힌 메뉴판만 존재한다. 단어를 모르면 순전히 운명에 맡겨야 한다. 여행을 떠나기 전에 닭, 돼지, 소금, 볶음, 수프 정도의 단어를 암기하고 떠나면 확실히 도움이 된다.

번역기는 내 친구

다섯 문장을 암기하는 동시에 현지어로 맛집, 카페, 유적지를 검색해보자. 검색할 땐 무조건 현지어로 한다. 현지어를 하나도 모르는데 어떻게 하냐고? 우리에겐 구글 번역기가 있다. 구글 번역기에서 영어로 'cafe'라고 친 다음 여행하려는 목적지를 누르면 자동으로 번역이 돼서 나온다. 더 정확한 검색을 위해 시작 언어를 영어로 하고 여행 국가를 지정한다.

번역된 단어를 지역명과 함께 구글에서 검색하면 한국에서 접할 수 없었던 여러 정보를 만나볼 수 있다. 검색 결과가 해석이 잘 안 되면 일본어로 번역한 다음 다시 한국어로 번역하면 자연스럽다. 이렇게 다양한 자료를 구글 번역기를 돌려가며 읽어도 무방하다. 약간 더 욕심이 난다면 유튜브로 검색해도 좋다. 유튜브 자막 기능을 활용해 간접적으로 정황을 읽으며 들을 수도 있다. 나 같은 경우 아예 괜찮은 곳이라면 예약까지 해버리는데 구글 번역기를 돌려 예약을 하면 시간 낭비를 크게 줄일 수 있다.

설마 오직 문장 5개, 단어 5개, 구글 번역기만으로 다른 나라

언어의 마스터가 될까? 전혀 그렇지 않다. 하지만 적어도 이것만 제대로 하면 실제 외국에 가서 외국인과 소통의 포문이 열리고 조금씩 자신감이 생겨 말을 하게 된다.

기획에 있어서 어학 공부가 중요한 이유는 양질의 정보를 얻기 위해서이다. 어학 공부를 하면 더 빠르게 현지 정보를 얻을 수 있어 시간은 물론 비용까지 아낄 수 있다.

양질의 정보를 얻으려면 당연히 외국어를 모국어처럼 하는 게 절대적으로 유리하지만 그렇지 못해도 보조 수단은 많다. 각종 번역 프로그램, 현지 외국어 채팅 사이트, 유튜브 자막 등 다양하다. 외국어를 못한다는 생각을 버리고 기획을 위해, 양질의 데이터를 쌓는다는 마음으로 다양한 방법에 도전해보는 것이 중요하다. 외국어로 얻은 정보의 질과 양은 단순히 볼 때 미미하지만 양질의 정보가 쌓이다 보면 내 콘텐츠가 되어갈 확률이 높다. 시작은 한 단어이지만 타인의 생각을 들어보려는 노력, 자료를 찾아보려는 노력의 파급력은 대단하다. 그래서 오늘도 뚜벅뚜벅 외국어로 내가 기획 중인 여러 키워드를 검색해본다.

관점이 담긴 정보 들여다보기

📍 개인의 욕망은 각자 쌓아놓은 데이터로 은근히 드러난다. 기획하고자 하는 대상이 생기면 틈틈이 인스타그램, 유튜브 등 매체를 가리지 않고 관련 정보를 찾는 이유다. 개인의 은근한 욕망을 엿볼 땐 각자가 쌓은 데이터를 관찰하는 반면 기획하고자 하는 대상을 연구할 필요가 있을 땐 누군가 이미 고민한 정보도 함께 살펴본다.

누군가 잘 정리한 자료를 찾아 읽는 것은 케이블카를 타고 산을 오르는 것과 같다. 맨땅에서 시작해 몸으로 부딪히며 산을 느끼는 방법도 있지만, 체력과 시간 소모가 크다. 누군가 잘 수집한 자료나 정보를 미리 확보하면 가파른 산길도 빠르게 올라 조망할 수 있는 눈높이에 다다른다. 그래서 나는 업무뿐만 아니라 생활 전반의 기획에 있어서 관점이 녹아있는 정보를 참조한다. 나는 여행 준비도 하나의 기획이라는 생각으로 다음과 같이 접근한다.

여행 전문 잡지, 재미있는 콘셉트를 찾아

생생하고 현장감 넘치는 여행 정보를 얻고자 할 땐 주로 잡지를 살펴본다. 잘 알려진 여행지일수록 여행 전문 잡지에서 자주 다뤘을 확률이 높다. 잡지에서는 단순히 여행지 정보가 아니라 재미있는 콘셉트를 수혈받는다. 빈티지 여행, 설국 여행 등 여러 가지 콘셉트들을 보며 여행 데이터를 쌓아간다.

기획자는 결국 어떤 서비스나 제품의 콘셉트를 설계하고 그 안에 사람들이 들어와 실컷 즐길 수 있도록 도와주는 역할이다. 그래서 설계를 할 땐 다양한 콘셉트들을 참고하려고 노력한다. 잡지에 등장하는 키워드는 단순하게 도출한 것이 아니라 여행지 자체의 매력과 사람들이 열광하는 키워드에서 도출한 것이

대부분이라 사람들이 열광하는 포인트를 수집한다고 생각하면서 잡지에서 정보를 쌓는 편이다.

마찬가지로 서비스 기획을 할 때 관련 잡지를 살펴보는 경우가 많다. 현장감 넘치는 사진과 잘 정리된 문구를 보면서 흥밋거리를 포착한다. 솔직히 말하면 사진이나 도표 위주로 빠르게 훑어보는 경우가 많은데 이렇게 빠르게 읽어만 봐도 개념은 잡을 수 있다. 나는 평소 일과 관련해《한경 비즈니스》,《마이더스》,《컴퓨터월드》와 같은 잡지를 보고 있다. 만약 내가 하고자 하는 기획이 패션 분야였다면 당연히 잡지 역시 관련 분야로 변경했을 것이다.

책 3권의 힘

깊이 있는 정보를 얻고 싶을 땐 책을 활용한다. 책은 특정한 키워드를 중심으로 깊은 이야기를 해 집중이 분산되지 않는다. 책에서 얻는 건 단순 지식 그 이상이다. 한 사람이 어떤 관점으로 주제를 고민했고 어떻게 체계화하여 연결했는지를 책에서 엿볼 수 있다. 저자의 생각을 따라가면서 책에서 다루는 주제를 다시 한번 생각해볼 수 있다. 책을 통해 저자의 생각을 읽으며 나의 문제를 반추하게 된다.

관심 있는 키워드별로 3권 정도 관점이 다른 책을 읽다 보면 관련 지식이 어느 정도 정리가 된다. 3권은 키워드의 정보를 체계적으로 설명한 책, 키워드를 특별한 스토리로 담은 책, 키워드에 대한 상상이 섞인 책으로 고른다.

예를 들어 전라도 군산에 관심이 생기면 군산에 대한 에세이, 군산을 배경으로 펼쳐지는 소설, 군산에 대한 특별한 관점이 섞인 여행기를 선별하여 읽는 식이다. 가벼운 책 위주로 읽기 시작해서 한 달 살기, 카페 탐방, 해외에서 일하는 법 등 다양한 주제로 뻗어 나간다. 무엇이든 주제랑 조금이라도 연관이 있다면 읽어 나간다. 그럼 알게 모르게 관련 주제에 대한 정보가 겹겹이 쌓이기 시작한다.

독특한 관점으로 집필한 여행 책도 자주 읽는 편이다. 미식 여행, 건축 여행, 드라이브 여행 등 여행기를 통해 약간 심도 있는 정보를 쌓는다. 주제도 명확하고 여행지에 대한 정보도 있어 여행하는 것 같은 상상에 빠지기도 한다. 이렇게 한 도시에 대해 3권 정도 책을 읽으면 관련 정보가 차곡차곡 정리된다.

비단 여행뿐 아니라 기술 기획 업무를 할 때도 책의 도움을 많이 받고 있다. IT 분야는 매년 새로운 개념이 탄생했다가 사라지기를 반복한다. 생소한 개념은 모두 책에서 배우는 편이다. 모든 지식을 깊이 이해할 순 없지만, 최소한 활용하기 위해 관련 책 3권 정도를 선별해 읽곤 한다. 책을 선별할 때는 목차를 유심히 들여다본다. 작가가 전달하고자 하는 메시지, 질문에 대한 답변이 목차에 담겨있다.

목차마다 물음표를 넣어보거나 목차의 키워드만 따로 적어놓기도 한다. 책을 다 읽고서 따로 감상문을 적진 않지만, 목차를 다시 한번 바라보고 질문에 대한 답변이나 키워드에 대한 정보가 생각나도록 들여다보는 편이다. 얼마나 양질의 데이터를 확보했느냐에 따라 문제 해결의 실마리가 달라진다. 열정이 머무르는 키워드에 대해 집요하리만큼 관심을 기울이며 데이터를 쌓아갈 때 차별화된 기획 씨앗을 찾아낼 수 있다.

트렌드를 읽는 데 도움을 주는 정보

질문은 어느 정도 내용을 알아야 할 수 있다. 가장 빨리 키워드를 이해하기 위해서는 누군가 분석한 자료를 보는 게 좋다. 특히 방향을 파악하기 위해선 전체를 조망할 수 있는 안목이 필요하다. 이때 한 걸음 한 걸음 천천히 자료를 수집하면 너무나 오랜 시간이 걸리겠지만 누군가 고민한 자료를 살펴보면 케이블카를 탄 것처럼 빨리 정상에 올라 훨씬 편하게 조망할 수 있다. 단시간 내에 트렌드를 파악하려면 누군가 깊이 고민한 자료를 찾아서 비교하는 것이 필수적이다.

1. 컨설팅 회사 + 키워드 검색

트렌드를 찾을 때는 컨설팅 회사 이름과 키워드를 조합해 검색해본다. 주요 컨설팅 회사로 베인 앤드 컴퍼니(Bain & Company), 보스톤 컨설팅 그룹(Boston Consulting Group), 맥킨지 앤드 컴퍼니(McKinsey & Company)등이 있다. 컨설팅 회사에서 운영하는 블로그에 해당 키워드로 검색하면 각 분야 전문가들이 분석한 양질의 자료도 확인해볼 수 있다.

2. 증권사 리포트 검색

증권사 분기 발표 자료도 빠르게 트렌드를 이해하는 데 도움이 된다. 대개 10장 내외 분량으로 필요한 정보가 담겼다. 1~2장 정도로 요약된 리포트도 꽤 많은 편인데 내용은 함축적이지만 알짜 정보들이 모두 있다. 무료로 이런 자료를 볼 수 있다는 게 미안할 정도로 퀄리티가 높은 편이다.

3. 주요 박람회, 학술대회 정보 검색

관심 있는 분야의 박람회 이름과 키워드를 조합해 검색해본다. IT 분야라면 CES(Consumer Electronics Show, 국제 전자제품 박람회)나 MWC(Mobile World Congress, 세계 최대 이동통신 박람회), IFA(Internationable Funkausstellung, 베를린 국제 가전 박람회)와 같은 박람회와 관심 키워드를 결합해 검색해본다. 특히 가장 최근에 어떤 제품이나 서비스가 나왔는지 확인해보려면 주요 박람회에서 출시한 제품들을 살펴보면 도움이 된다. 마찬가지로 주요 학술대회나 콘퍼런스에서 오픈한 정보를 살펴보면 트렌드 읽기에 도움이 된다.

데이터로 트렌드 읽기

사람들이 올린 사진이나 글에서 시사점을 얻을 수도 있지만 수만 개의 데이터를 한꺼번에 보긴 시간적 제약이 있다. 이럴 땐 데이터 분석 도구가 도움이 된다. 데이터의 홍수 속에 사는 요즘은 데이터를 가공하여 보여주는 사이트가 많다.

굳이 전문가가 아니라도 텍스트로 트렌드나 지식을 확보하는 텍스트 마이닝 작업을 쉽게 할 수 있는 도구들이 많이 개발되어 있다. 데이터 공부를 하지 않아도 텍스트 마이닝 툴에 마치 레고 블록 쌓듯 데이터를 드래그하면 알아서 분석을 해줘 사람들이 어떤 키워드에 집중하고 있는지를 볼 수 있다.

가령 여행 작가로서 이탈리아를 여행할 예정이고 로마의 숨겨진 카페를 찾고 싶다면 구글 트렌드에서 데이터를 찾아볼 수 있다. 이땐 대상 국가를 이탈리아로 설정한 다음 구글 번역기로 로마 카페를 검색한다. 그런 다음 현지어로 번역된 글자를 그대로 구글 트렌드 창에 입력해 검색한다. 해당 검색어의 연관 검색어가 함께 나오면서 현지인들이 최근 자주 찾는 맛집들을 살펴볼 수 있다.

반면 한국 사람들이 이탈리아에 대해 궁금해하는 점이 무엇인지 알고 싶을 땐 네이버 데이터 랩이나 썸데이터를 활용한다. 네이버는 국내 최대 포털인 만큼 한국 사람이 많이 찾는 키워드를 빠르게 알아볼 수 있다. 사람들이 해당 검색어를 최근 1년간 얼마나 입력했는지 볼 수 있고 사람들의 관심도 또한 직접적으로 보여준다. 썸데이터는 사람들이 특정 키워드에 어떤 감정들을 느끼는지, 키워드에 대한 주요 코멘트가 무엇이 있는지 파악할 때 활용한다.

나는 트렌드를 확인하기 위한 용도로 데이터 분석 도구를 자주 활용한다. 자율주행이라는 키워드를 검색했을 때 사람들이 전체적으로 해당 기술에 어떤 감정을 가지는지 알 수 있고 기술에 대한 관심도까지 살펴볼 수 있다. 자율주행, 스마트 시티 모두 요즘 떠오르는 기술이지만 스마트 시티를 검색했을 때 점점 언론이나 미디어에서 주목하는 흐름을 보며 떠오르는 기술이라고 예측해 본다. 연관 검색어는 내 관심 키워드와 함께 검토해야 하는 키워드가 무엇인지 찾아볼 때 유용하다.

내가 여행을 떠나기 전에 텍스트 마이닝으로 다양한 데이터를 수집하는 이유는 문제의 본질에 다가가기 위해서이다. 사람들이 자주 거론하는 키워드와 연관된 키워드를 통해 무엇에 집중하여 기획하면 좋을지 생각해볼 수 있다.

대개 사람들의 마음속 생각은 감춰져 있어 질문해도 진짜 답을 꺼내기가 쉽지 않다. 하지만 사람들이 무의식중에 검색하는 키워드나 계속 들춰보는 자료는 솔직한 생각을 반영하는 경우가 많아 사람들이 원하는 걸 알 수 있다. 기획하려는 키워드에 대한 트렌드를 빠르게 파악할 수 있다는 장점도 있다.

어떤 키워드에 대한 연관 키워드는 해당 분야에 정통한 사람이 아니라면 감조차 잡지 못할 수 있다. 하지만 이런 빅데이터 분석 도구를 활용한다면 객관적인 사실 기반으로 여행이나 기획하려는 대상에 접근할 수 있다. 그래서 무언가 기획할 땐 데이터를 모으는 작업에 무척 집중하는 편이다. 특히 욕심나는 기획일수록 시간이 날 때마다 사전 데이터들을 수집하는 관심을 기울인다. 사람들 마음속에 직접 걸어 들어갈 순 없지만, 사람들이 하는 행위를 통해 관심사를 엿보고 감정을 읽어보려 노력한다.

'번뜩이는 아이디어가 많다, 콘셉트 기획을 잘 한다'라는 말은 곧 데이터의 양을 무척 성실하게 쌓았다는 말과 일맥상통한다. 톡톡 튀는 아이디어나 어느 날 갑자기 튀어나온 것처럼 보이는 영감도 해당 분야를 어느 정도 파악하고 있어야 가능하다. 그래서 오늘도 꾸준히, 성실히 리서치를 한다. 사람들의 내면을 은밀히 엿보기 위해서 관심을 기울이고 또 기울여본다.

데이터 분석 공부에 도움이 되는 사이트

사람들이 많이 찾는 서울 카페에 대한 데이터를 얻으려면, 웹사이트에서 서울 카페 중 어떤 카페가 가장 많이 검색되었는지, 요즘 사람들은 어떤 댓글을 달고 있는지, 어떤 키워드가 가장 화제가 되고 있는지를 수집하고 가공을 해야 한다. 이렇게 기획자가 수집한 데이터를 두고 핵심 키워드 간 상관관계를 분석하거나 감정을 분석할 수 있다면 기획에 날개를 달 수 있다.

이때 데이터를 일일이 복사 붙여넣기로 수집할 수도 있지만 그렇게 하면 막대한 시간과 노력이 소요된다. 수많은 데이터를 효율적으로 다루기 위한 프로그래밍을 할 줄 알면, 데이터를 수집하기 위한 노력을 최소화할 수 있다. 나는 주로 파이썬으로 데이터를 수집한다. 데이터 분석에 관심이 많다면 프로젝트 기반으로 데이터를 분석하는 방법을 가르쳐주는 아래 사이트들을 참고해 볼 수 있다.

1. 코드 아카데미 (www.codecademy.com)
독학으로 코딩을 배울 때 활용하기 좋은 사이트이다. 영어로 된 사이트지만 직관적이고 쉬운 예제부터 차근차근 다루고 있어 독학하는 사람들에게 유용하다. 난이도에 따른 예제도 구분되어 있다.

2. 구글 파이썬 클래스 (https://developers.google.com/edu/python)
마찬가지로 영어로 된 사이트지만 유튜브 영상과 연동되어 실제 강의를 듣는 것 같다. 기본 개념을 잡기 편하다. 유튜브에 한국어로 번역된 영상이 많으니 독학 시 참고해 볼 수 있다.

3. 『파이썬 데이터 분석 실무 테크닉 100』

파이썬 설치를 완료했지만, 차근차근 배울 시간은 부족하고 빨리 데이터를 실무에 활용해야 할 때 이 책의 실무 테크닉이 도움이 된다. 흥미로운 프로젝트를 꽤 많이 다루고 있다. 예를 들어 인간관계 네트워크를 가시화해 보거나 고객 만족도와 자주 나오는 단어의 관계를 살펴보자는 등의 프로젝트를 소개한 책이다.

4. 워드 클라우드 (www.wordclouds.com)

이미 수집한 데이터에서 핵심 단어를 추출해 시각화하고 싶다면 워드 클라우드 사이트를 활용해 볼 수 있다. 사이트에 pdf 파일을 올리면 자동으로 핵심 단어를 추출하여 원하는 모양으로 워드 클라우드를 그려준다. 비교적 간편하게 워드 클라우드를 표현할 수 있어 빠르게 핵심 단어를 살펴볼 때 주로 활용한다.

대화로 욕망에 다가선다

여행하다 보면 다양한 감정들과 마주하게 된다. 구불구불 곡선형의 건축물을 보면 재미있기도 하고, 예술 작품을 보며 놀랄 때도 많고, 사람과 사람 사이에서 여러 생각과 감정이 오갈 때도 있다. 가만히 집에서 유튜브를 보면 쉽게 여행지 풍경을 볼 수 있는데도 두 발로 여행을 떠나는 이유는 사람 사이의 다양한 감정을 느끼기 위해서다.

나 홀로 덴마크 오덴세로 여행을 떠났던 적이 있다. 오덴세가 안데르센의 도시라는 것 외에 아는 정보도 없고 혼자 떠나 심심하기도 해서 에어비앤비 플랫폼을 통해 어떤 할머니네 집에서 숙박하게 되었다. 할머니는 아시아에서 건너온 나를 진심으로 대해주셨고 우리는 매일 저녁을 함께하며 이야기를 나누었다. 할머니는 도서관 사서로 근무하시는 분이라 본인이 일하는 도서관에 나를 데려가 모두에게 소개해 주었다. 덕분에 덴마크 오덴세 도서관이 어떠한 프로그램으로 운영되는지, 어떤 책이 가장 인기가 많은지 알 수 있었다.

오덴세 도서관은 아름다웠다. 도서관에 디자인 요소를 접목하면 훌륭한 공간으로 자리매김할 수 있다는 사실을 할머니를 통해 알 수 있었다. 동그랗고 커다란 조명 아래 편안한 의자에 걸터앉아 예쁜 책을 둘러보는 시간이 편안해 어느 순간부터 할머니와 함께 출근하게 되었다. 출근하는 차 안에서 도서관 업무는 만족스럽냐는 면접용 질문부터 덴마크는 세금을 많이 내서 짜증 난다는 사사로운 것까지 수많은 이야기를 나누었다.

당시 나의 여행 키워드는 덴마크의 디자인이었다. 디자인적 요소가 어떻게 서비스에 도움을 줄 수 있을지가 궁금했고 여행 내내 미리 떠올린 질문에 맞춰 생각을 해보았다. 수많은 디자인을 직접 경험하거나 보았고 심지어 현지에 디자인 박물관이 있어 한참을 들여다보며 지식을 쌓아 나갔다. 하지만 정작 숙소에 돌아와 하루를 정리할 때 뇌리에 가장 선명하게 남은 이야기는 발로 뛰며 찾은 지식보단 할머니의 말 한마디였다. "우리에겐 일상이 디자인이야. 이렇게 친구와 요구르트를 먹는 순간도 아름다워야 해. 그러니 촛불을 켜자고!"

할머니는 왜 덴마크 디자인이 뛰어날 수밖에 없는지 직접 요리를 하실 때 컵, 조명, 요구르트 패키지를 보여주며 이야기해주셨는데 할머니의 생각과 도서관에서 만났던 사람들과의 대화가 기억에 남으면서 내가 만든 기획안, 상품들에 대해 다시 생각해 볼 수 있었다.

사람들이 무엇을 원하고 무엇을 불편해하는지 알려면 이미 박제된 지식이나 정보를 활용하는 것만으로는 한계가 있다. 시중에 나와 있는 제품이나 서비스를 보고 직접 경험한 사람을 인터뷰하는 것이 가장 생생하다. 사람들의 말과 행동은 글로 적힌 것보단 아무래도 정제되지 않은 데이터일 확률이 높아 진짜배기 속마음을 알 수 있다.

하지만 모든 대화에서 숨은 욕망을 엿볼 수 있는 것은 아니다. 대화하는 나 자신의 마음을 해제하고 진솔한 마음을 전했을 때 비로소 상대의 생각을 전해 들을 수 있다. 상대방과 거리를 둘 때 나올 수 있는 이야기는 한정적이다. 책에서 수집할 수 있을 정도의 대화가 오간다면 굳이 시간을 들여 인터뷰하는 의미가 사라지게 된다. 그러니 상황에 따라 내 생각을 먼저 드러내고 관심을 보일 필요도 있다.

여행 중 대화를 할 때마다 내가 갖추어야 할 태도에 대해 고민한다. 만나는 사람이 나이가 적든 많든 직업이 무엇이든 상관없이 누구의 생각이라도 듣겠다는 태도로 시작을 해본다. 상대방이 내가 정한 키워드에 대해 아무것도 모를 것이라고 선을 긋지 않고 일단 화두를 던져보는 식으로 대화를 이어가는 식이다.

한번은 힐링이라는 트렌드에 대한 기획 소스를 찾으려고 라오스 찜질방에 앉아서 이야기를 나누었다. 다들 머리에 흰 수건을 두르고 화장기 없이 땀을 줄줄 흘리고 있는 상태에서 힐링 문화에 대한 철학적인 이야기를 나눌 순 없었지만 어떻게 휴식을 취하는지를 간접적으로 들어보는 기회였다. 옷도 제대로 갖춰 입지 않고 대화를 이어 나가기가 어렵겠다고 생각하면 한도 끝도 없이 어렵지만 가볍게 생각을 들어본다고 생각하면 얼마든지 인터뷰를 할 수 있다. 사실 대화를 이어가는 데 장소는 그리 중요한 문제가 아니다. 그보다 나를 얼마만큼 오픈할 수 있을까가 더 중요한 문제가 아닐까 생각한다.

가끔 인터뷰나 사람들의 생각을 들어보는 영역을 사교 영역으로 바라볼 때가 있다. 사교성이 좋고 외향적이면 대화를 잘 이끌 수도 있지만, 꼭 사교적이어야 대화를 이끄는 것은 아니라고 생각한다. 나는 내성적이고 혼자 생각하는 시간이 무척 많은 편이다. 수많은 사람의 인스타그램에 좋아요를 누르기보단 소수의 사람과 얼굴을 보며 이따금 이야기를 나눈다. 다른 사람들과 이야기를 할 땐 진심을 보이려 노력한다.

내가 사교를 위해 대화했다면 상대가 듣고 싶은 말만 골라서 했을 텐데 기획하는 사람으로서 대화하다 보니 기획 소스에 대한 타인의 생각을 물어본다. 나에게는 인터뷰가 친해지려는 과정이 아니라 깊은 생각을 마주하려는 과정인 셈이다. 그러니 인터뷰, 기획을 위한 대화의 영역을 사교 영역이라 생각하고 선을 그을 필요가 없다. 여행 중에 언제 어디서나 많은 생각을 들어보는 것이 중요하다.

사람들이 자주 사용하는 제품이나 서비스에는 차별화된 부가가치가 존재한다. 가격이 될 수도 있고 심미적인 부분이 될 수도 있다. 그게 무엇이든 단 하나라도 사람들이 가장 필요로 하는 영역을 찾아 사용자를 기쁘게 만들 수 있다면 기획된 제품과 서비스는 가치 있다고 생각한다. 가장 필요로 하는 영역을 찾기 위해 기획자는 마음을 열고 무슨 이야기든 나눈다는 생각으로 사람들에게 접근할 필요가 있다.

상대방이 나를 싫어하고 불쾌하게 생각해도 상관없다. 나는 어디까지나 기획자이고 관찰자일 뿐이니 그 사람과의 거리는 딱 그 정도일 뿐이다. 여행까지 가서 굳이 불필요한 아첨을 할 필요도 없고 부정적인 이야기를 나누느라 시간을 소비할 필요도 없다. 내 기획의 목적과 방향을 잊지 않고, 내가 기획하려는 제품과 서비스의 차별화에 중심을 두고, 차분히 사람들의 생각을 대화로 수집해 나가면 그만이다.

틈틈이 자료를 버리고 분류한다

여행하다 보면 예기치 않게 자투리 시간이 생긴다. 기차를 기다리는 시간, 하염없이 이동하는 시간, 박물관에 들어가려고 기다리는 시간, 그때마다 나는 종이 쪼가리를 정리한다. 각종 리플렛, 티켓, 영수증을 제때 정리하지 않으면 중요한 자료로 남기보다는 쓰레기통으로 직행할 확률이 높다. 여행 중에 습득한 정보를 주제에 맞게 가지런히 묶는 것도 중요하지만 그보다 더 중요한 것은 필요 없다고 생각하는 자료를 과감하게 버리는 것이다.

정돈이 재배열하여 보기 좋게 두는 것이라면 정리는 필요 없는 것을 과감하게 버리는 것에서부터 시작된다. 아무리 보기 좋게 정돈을 해놓아도 정리를 하지 않으면 정보 활용에 한계가 생긴다. 그래서 나는 키워드에 어긋나는 자료들이 있으면 과감하게 폐기 처분한다. 아이디어나 자료를 잘 모으는 것도 중요하지만 그에 못지않게 잘 버리는 것은 정말 중요하다. 모든 정보는 적재적소에 활용될 때 의미가 있는 것이기 때문이다.

본격적인 자료 정리는 일과를 모두 마치고 숙소에 돌아온 순간부터 시작한다. 야시장이나 펍(Pub)이 키워드일 땐 예외이지만 보통 저녁 7시 정도에 모든 일과를 마무리하고 숙소에 돌아온다. 숙소에 돌아오면 틈틈이 버리고 분류했던 종이 쪼가리를 펼친 채 본격적인 정리를 시작한다. 정리 기준은 여행을 시작하기 전에 미리 만들어 놓은 프레임이다. 여행의 목적은 무엇이고 어떤 키워드에 관심이 있으며 오늘은 여행 몇 번째 날인지를 미리 만들어 놓은 분류에 따라 정리한다. 그런 다음 다시 한번 여행 중 모았던 자료를 프레임에 맞춰 붙여넣기 시작한다.

영수증, 티켓을 붙여 놓은 다음 필요하다면 당시의 단상을 메모하며 정황을 정리해본다. 주제가 덴마크의 디자인이라면 덴마크에서 먹었던 사탕 봉지, 과자 봉지까지도 수집 대상에 포함이 된다. 그림이나 사진도 상관없다. 덴마크에서 맛본 초콜릿 우유 패키지가 신선해 형태를 알아볼 수 있을 정도만 그려 놓고 사진을 여러 장 남겨 놓는 식으로 자료를 수집한다.

간혹 미리 만든 프레임의 수정이 필요할 수도 있다. 스페인에 여행을 갔을 땐 유명 도시인 말라가, 바르셀로나와 같은 분류 대신 우버 이츠, 블라블라 앱과 같은 현지 모빌리티 서비스를 주제로 묶어 어떻게 활용하고 있는지 정리를 했던 기억이 난다. 미래 모빌리티 기획을 하는 데 여행 날짜나 장소는 크게 중요하지 않기 때문이다. 아마 유명 도시별로 분류를 했다면 모빌리티 서비스 기획을 위해 우버 이츠 서비스를 찾는 데 한참 시간이 걸렸을 것이다.

이렇게 현지 환경이나 여행 상황에 따라 자료의 분류는 수정될 수 있어 노트는 언제든 자료를 재구성할 수 있는 바인더로 한정한다. 여행을 시작하면 사진도 틈틈이 남기려고 노력한다. 그래서 일 평균 1,200장 정도 사진을 찍으면서 의미 있는 정보를 계속 수집해 나간다. 가끔 초점이 빗나간 사진도 있고 왜 찍었는지 알 수 없는 사진도 존재하지만, 어차피 기획을 위한 사진은 그중 100장 미만 정도라고 생각하고 필요 없는 사진은 빠르게 삭제한다.

사진을 어느 정도 정리했으면 본격적인 정돈을 시작한다. 디지털 자료 폴더는 주로 날짜별로 만들어둔다. 키워드별로 따로 정돈하지 않는 이유는 아날로그 데이터보다 양이 방대하기 때문이다. 요즘엔 영상과 사진 자료를 클라우드에 올려놓고 키워드만 검색하면 찾아주는 서비스도 잘 되어 있어 일일이 자료를 확인하면서 키워드별로 분류하지 않는다.

폴더는 여행 시작 날짜와 나라 이름, 도시 이름 순으로 만든다. 예를 들면 '1 Day_이탈리아_로마' 이렇게 말이다. 국내 여행이라면 날짜와 지역, 도시 이름 순으로 폴더를 만든다. 폴더를 만든 다음엔 하루 동안 촬영한 1,000여 장의 사진과 영상을 모두 넣어놓는다. 인터넷이 가능한 환경이라면 아예 클라우드에 업로드 해놓곤 한다.

정리정돈을 하는 이유는 정보를 효과적으로 활용하기 위해서도 있지만 기획하는 제품이나 서비스와 관련하여 비어있는 정보를 한눈에 파악하기 위해서도 있다. 3년 전 라오스 가이드 책자를 집필한 적이 있는데 한 도시의 역사부터 음식 문화, 종족별 특징까지 다뤄야 했었다. 현지에서 아침 8시에 일어나 저녁

7시까지 이곳저곳을 돌아보며 여행도 하고 취재도 알차게 했다고 생각했지만, 막상 여행하고 집에 돌아오면 늘 놓쳤던 정보들이 눈에 들어오는 식이었다.

처음 가이드 책자 작업을 해서 요령이 전혀 없었던 것도 있었겠지만, 제때 자료를 정리하지 않아 어떤 정보가 비어있는지를 몰랐던 부분도 컸다. 비어있는 정보가 몇 가지 있어 일 년 내내 휴가만 생기면 라오스를 들락날락하며 어마어마한 비용과 시간을 소비했던 기억이 난다.

필요한 정보가 무엇인지 비어있는 정보가 무엇인지 빠르게 파악하기 위해선 매일 자료를 잘 버리고 동시에 잘 정돈을 해야 한다. 하루가 지나면 출처 없는 자료들이 가치를 잃은 채 버려지는 경우가 많다. 자료가 적재적소에 잘 쓰이게 하려면 미리 프레임을 생각하고 그에 맞춰 재분류하는 작업이 필요하다.

무엇을 중요하게 생각하는지 중심 주제나 키워드를 미리 생각해 놓는다면 잘 버리는 기준이 생기는 셈이다. 그런 다음 일상적으로 중심 주제나 키워드에 따라 버리고, 분류하는 과정을 거친다면 정보를 활용할 때 보다 쉽게 적용할 수 있다. 기획자에게 여행은 또 다른 영감과 새로운 무언가를 만들어갈 원동력이다. 이 원동력이 사라지지 않게 만들려면 여행에서 얻는 모든 정보를 수시로 모으고 버리고 분류하는 작업이 동시에 일어나야 한다. 여행은 일상을 내가 기획한 프레임에 맞게 생각해보고 고민하는 과정의 조합이 아닐까 생각해본다.

SNS로 욕망 수집하기

📍 언제부터인가 심심할 때마다 핸드폰을 꺼내 지인들의 SNS를 보는 것이 일과가 되었다. 가끔 얼굴을 보는 지인들의 근황을 간편하게 알 수도 있고 쇼핑이나 콘서트 정보와 같이 관심 있는 정보를 알 수도 있어서다. SNS를 지인들과 소통하는 도구로 활용할 수도 있지만 무언가 기획할 때에도 유용하게 활용할 수 있다. 특히 여행을 기획한다면 빠르게 현지 정보를 확인하며 실감 나는 데이터를 모을 수 있다.

'맛있는 스페인에 가자'를 기획할 때 스페인의 식문화 중에서도 카페 문화를 세세하게 다루고 싶었다. 직접 몸으로 부딪히며 정보를 얻으면 좋겠지만 시간과 돈이 부족하다는 게 문제였다. 내 시간과 돈은 한정되어 있었다.

여러 도시의 가장 핫한 카페를 찾고 싶었지만, 당시 한국에서 낮에는 일하고 밤에는 공부하며 살아가는 사람이었기에 얻을 수 있는 정보는 한정적이었다. 바로 이때 정보의 갈증을 해결해 준 도구가 SNS였다. SNS에 올라오는 방대한 사진 덕분에 직접 두 발로 뛰지 않고 어느 장소가 떠오르는 장소인지에 대한 정보를 꽤 많이 수집할 수 있었다. 실시간으로 가장 많이, 자주 올라오는 스페인의 카페를 확인하면서 그곳의 정서를 읽어 나갔다.

나는 매년 전자 회사의 트렌드를 읽기 위해 CES 동향 신문기사를 읽곤 하지만 현장 분위기를 읽는 데는 한계가 있기 마련이다. 그래서 CES 행사에 직접 가보려 했는데 하필 다른 행사와 겹쳐 한 곳만 다녀와야 했다. 사정상 미처 못 가는 행사는 SNS를 통해 분위기를 파악할 수 있었다. 바리스타 로봇이 어떻게 생겼고 애완동물 키트는 어떤 것이 있었는지 작동하는 모습까지 생생하게 볼 수 있었고 가끔은 현장에 있는 사람들보다 더 빨리 정보를 습득하기도 했다.

SNS에는 수많은 사람이 올린 정보가 실시간으로 올라오기 때문에 여행지를 선택할 때나 여행 일정을 짤 때 가장 먼저 SNS로 정보를 수집하면 좋다. 이때 매체별로 다르게 접근한다. 특별히 사진 찍기 좋은 장소를 찾거나 어떤 장소의 실시간 분위기를 보고 싶을 땐 인스타그램을 활용한다. 사진 위주의 SNS 플랫폼이고, 워낙 많은 사람이 사용하고 있어서 실시간으로 확보할 수 있는 정보의 양이 풍부하다.

해시태그 여러 개를 선별해 수백 개의 사진을 스크롤하며 읽다 보면 여행지의 대표적인 맛집이나 유명한 장소가 파악된다. 사람들이 자주 안 가는 여행지의 맛집을 찾거나 여행 블로그에서 확보한 정보를 검증할 땐 해시태그로 전 세계 사람들의 생생한 이야기를 들어본다. 여행 책자나 동영상에서 맛집이라고 소개한 곳보다 SNS에서 사람들이 열광한 장소에 먼저 가보기도 한다.

현지에서는 트위터를 활용할 때가 많다. 인스타그램이 이미지 기반의 실시간 반응이라면 트위터는 키워드 중심의 실시간 반응을 살펴볼 수 있다. 특히 오늘 가려는 장소의 영업시간이나 폐점 여부 등을 확인할 땐 트위터만큼 좋은 도구가 없다. 게다가 장소 키워드를 검색하면 빠르게 사람들의 솔직한 반응을 읽을 수 있다. '유명한 레스토랑이지만 실제로는 허울만 좋은, 유명세보다 부족한 맛' 등과 같은 솔직하고 객관적인 리뷰를 읽을 수 있다.

여행을 가기 전에 SNS를 통해 꾸준히 정보를 수집하는 일은 생각보다 시간이 많이 소요된다. 방대한 정보를 꾸준히 모으고 읽는 과정도 만만치 않지만, 객관적인 기준에 따라 정보를 분류하는 작업 역시 시간과 에너지가 소요된다. 여행이란 키워드로 이런 작업을 매번 하려면 애정이 있어야 한다. 그래야 관련 자료를 꾸준히 수집할 수 있다.

SNS상에 떠도는 자료를 꾸준히 모니터하고 찾는 과정은 모두 진득한 노력의 산물이고 애정 없이는 지속하기 어렵다. 진짜 정보와 가짜 정보를 구분해 주옥같은 정보를 얻기 위해선 오랫동안 정보를 유심히 들여다보는 것이 필요하다.

여행이든 어떤 서비스든 무언가 유의미한 가치를 만들어 내거나 새로운 시사점을 도출할 땐 진짜 알맹이가 들어있는 실감난 정보 수집이 필수적이다. 그러기 위해선 총체적으로 숨겨진 내면의 모습을 면밀하게 포착을 해야 진짜 필요한 정보를 찾을 수 있다.

이런 이유로 어떤 것을 기획하거나 여행을 시작할 땐 먼저 애정을 가지려고 계속 관심을 기울인다. 관심을 가질수록 매력을 느끼는 경우가 많다. 그런 다음 꾸준한 시간을 들여 사람들의 속마음을 알아보기 위한 노력을 시작한다.

  단편적인 정보가 아니라 감춰진 진짜 정보를 얻으려면 꽤 끈질긴 인내심이 필요하지만 은근한 마음을 들여다보는 재미가 남달라 꾸준히 정보를 모으고 있다. 확실한 것은 이렇게 하면 고민의 질도 달라지고 정보도 풍부하게 수집돼서 결과물이 분명히 달라진다는 점이다. 오늘도 내가 관심 있는 정보를 차근차근 SNS에서 들여다보아야겠다. 습관처럼 관심 정보를 찾다 보면 점점 대상의 맨살을 들여다볼 수 있지 않을까.

SNS에서 원하는 키워드를 찾는 법

SNS를 잘만 활용하면 양질의 정보를 쉽게 파악할 수 있다. 특히 요즘 무엇이 유행인지, 사람들이 좋아하는 장소는 어디인지, 선호하는 맛집은 어디인지 궁금할 때 SNS로 파악하면 좋다. 시간을 줄이면서 양질의 정보를 빠르게 파악하기 위한 몇 가지 팁을 공개한다.

1. 목적을 정확하게 정의하기
누구나 맛있는 가게, 분위기 있는 가게를 알고 싶다. 그런데 누구나 다 좋아하는 키워드로 검색을 하면 정보가 너무 많이 나와 오히려 알짜 정보를 파악하기가 어렵다. 그래서 알고 싶은 정보를 구체적으로 정의하는 게 필요하다. 맛있는 가게를 알고 싶다면 '현지인 맛집, 현지 맛집'이라는 키워드로 검색을 하고 분위기가 좋은 곳을 알고 싶다면 '데이트'라는 키워드로 검색을 한다. 보편적인 키워드가 아니라 좀 더 나의 취향이나 목적에 맞는 검색 키워드를 잡아야 원하는 정보를 쉽게 얻을 수 있다.

2. 세부적인 키워드로 검색하기
키워드가 세부적일수록 원하는 정보를 쉽게 찾을 수 있다. 익산 맛집이 아니라 '모현동 맛집'으로 검색하고 평택 카페가 아니라 '소사동 카페'로 검색을 하는 것이다. 맛집도 너무 추상적이다. 어떤 맛집을 원하는지 구체적으로 작성하는 게 필요하다. '모현동 루프탑, 모현동 분식' 이런 식으로 한 단계 더 들어가 세부적인 키워드를 잡을수록 원하는 정보를 찾아보기 쉽다.

3. 가짜 정보 걸러내기

사람들이 몰리는 곳에는 광고가 존재한다. 각종 SNS를 활용해 광고 글을 올리는 경우가 종종 있는데 이때 나만의 관점으로 가짜 정보를 걸러낼 필요가 있다. 개인적으론 한 아이디로 같은 맛집을 하루 2회 이상 올리면 그 정보는 광고라고 판단을 하는 편이다. 혹은 특정 시간대나 날짜에 너무 많은 콘텐츠가 몰려있을 땐 한 번쯤 의심하며 콘텐츠를 바라보곤 한다. 정보를 곧이곧대로 받아들이지 않고 의심이 가는 정보는 한 번쯤 자신만의 기준으로 걸러내며 바라볼 필요가 있다.

4. 2개 이상의 플랫폼을 조합하여 검증하기

어떤 정보라도 다른 플랫폼에서 한 번 더 검증해보는 편이다. 특히 맛집의 경우 SNS의 사진을 보고 정보를 추린 다음 내비게이션에서 해당 정보를 검색해본다. 카카오 내비게이션의 경우 얼마나 많은 사람이 저장했는지를 알 수 있고 T맵의 경우 인기 많은 곳은 별도로 표시가 되어 있다. 이렇게 플랫폼을 서로 바꿔 검증을 해보면 진짜 맛집을 찾아낼 수 있다.

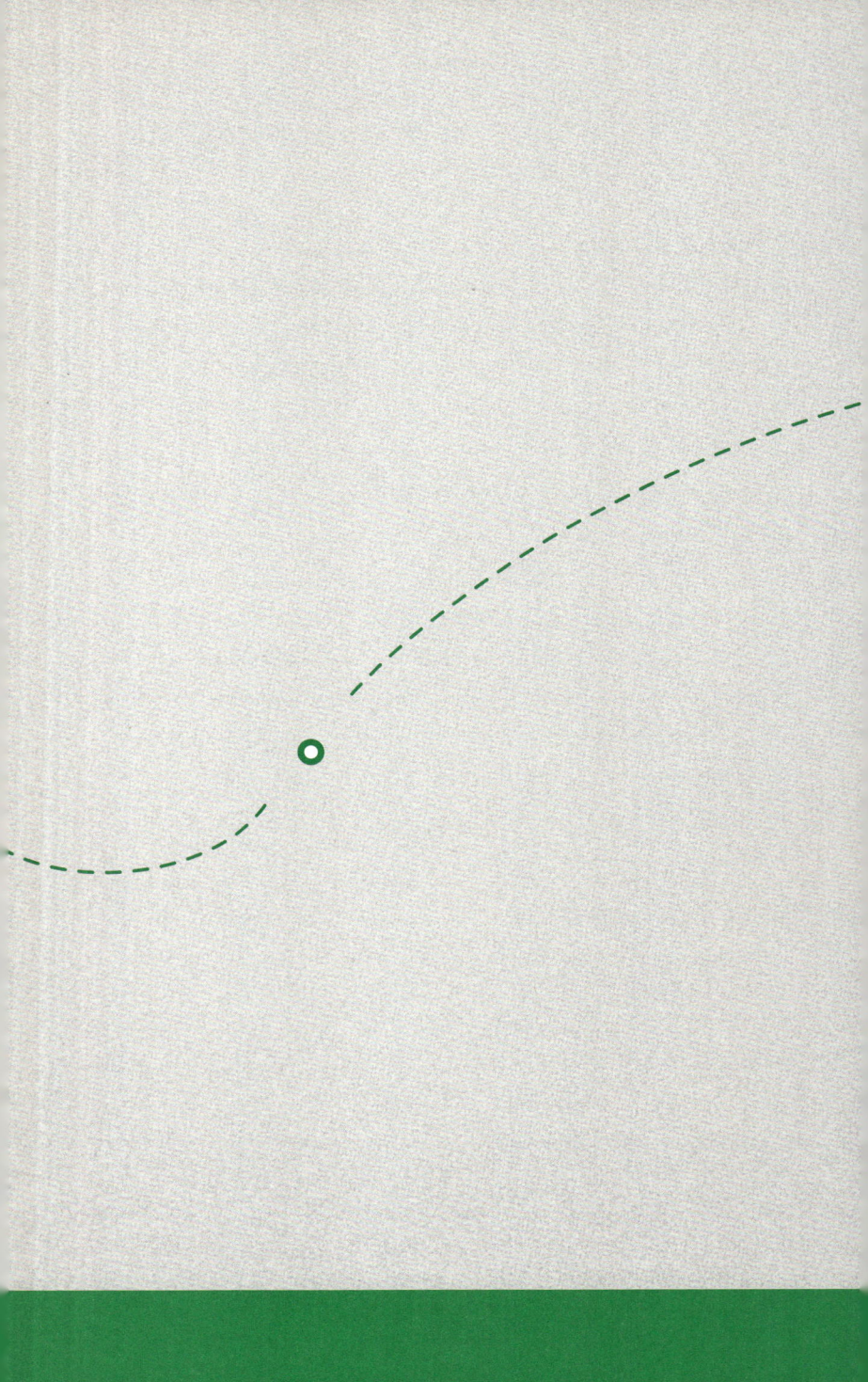

3장
기획자의 시선

취향을 큐레이션하는 알타이어 서점

예술의 도시 바르셀로나에 갈 때마다 들르는 서점이 있다. 여행 서점으로 유명한 알타이어 서점이다. 이 서점은 언제라도 흥미롭다. 처음에는 그저 스페인 책을 구경하려고 들어갔지만 정작 발걸음을 멈추게 만든 건 독특한 세계지도가 그려진 프린트 한 장이었다. 그 옆에 커다란 지구본이 여러 개 놓여 있었는데 은은한 조명까지 곁들여 멀리서 보면 여행 박물관에 들어온 것만 같았다. 무엇보다 서점의 배치가 독특했다. 서점 안엔 500여 종이 넘는 책이 가득한데 그중 관심 가는 분야로 가서 둘러보면 책 옆에 관련 소품이 있다.

가령 골프 여행에 관련된 책들을 보다 보면 그 옆에 골프공도 같이 비치되어 판매하고 있는 식이다. 수많은 책 사이에서 내가 원하는 분야의 책을 집으면 다시 그 주변엔 내가 관심 있을 만한 물건들이 놓여 있어 관심이 끊이질 않는다. 책을 읽으려고 서점에 왔지만, 어느새 내가 왜 이곳에 왔는지 목적조차 희미해져 재미있는 책과 문구류, 각종 소품에 푹 빠지게 된다.

서점에 있다고 믿어지지 않을 만큼 다양한 소품을 둘러보면 구매 충동에 휩싸인다. 여러 가지 분야의 책이 펼쳐진 상태에서 관심 있는 분야의 책을 선택해 살펴보면 그 관심 분야에 더 관심을 기울일 수 있을 만한 무언가가 놓여 있는 식이었다. 책으로만 끝날 수 있는 경험이 인형, 엽서, 캔들, 커피 가루와 같은 다른 소품으로 확장된다. 다양한 분야의 책과 독특한 소품으로 책에 대한 흥미를 계속 이어가게 하는 셈이다.

책 옆에 몇 가지 소품을 보여주는 게 뭐가 그리 대수냐고 할 수 있을지도 모르겠다. 하지만 다양한 분야의 콘텐츠를 미리 준비하는 동시에 필요한 것들을 적재적소에 보여줘 구매까지 연결하는 것은 다른 차원의 문제이다. 알타이어 서점은 사람들이 조금이라도 관심을 지속할 수 있도록 세심하게 소품들을 큐레이션 했고, 오랫동안 공간에 머무르고 시간을 투자하고 싶게 했다. 사라고 강요는 하지 않지만 넌지시 추천을 해준다. 모든 소품을 그대로 보여주면 만물상처럼 보이겠지만 사람들이 관심 있을 만한 키워드 위주로 큐레이션을 하여 서점이라는 정체성은 유지하면서 관심이 끊어지지 않게 보여주고 있다는 점이 특별하다. 오랜 시간을 서점에서 보낼수록 흥미로운 소품이나 책을 더 많이 발견하게 된다.

사람들이 이 서점으로 발걸음을 옮기는 이유를 생각해보면 일단 판매를 위한 책이 무척 다양한 편이다. 여행 서점이라지만 여행도 아시아 여행, 스페인 여행 등등 세심하게 분류되어 있어 선택의 폭이 넓다. 맞춤형 큐레이션을 한 게 아니라 사람들이 원하는 것을 찾을 수 있도록 다양한 물건들을 깔아놓은 것이다.

유독 이 서점에만 갔다 오면 지갑이 탈탈 털린다. 이러한 패턴을 몇 번 반복하면서 서점을 더 유심히 관찰해보게 됐다. 사람들이 주로 어떤 책을 읽는지, 무엇을 많이 보는지, 어디를 가는지를 유심히 살펴보기로 했다. 재미있게도 사람들이 어떤 분야에 편중되기보단 다양한 분야에 고루 분포되어 각자가 원하는 책을 읽고 있었다. 구매 패턴도 제각각이었다. 책을 구매하는 사람들이 많았지만 그렇다고 책만 구매하지는 않았다. 포스터, 엽서, 나침반과 같이 책을 통해 상상했던 무언가를 구매했다.

어떤 서비스를 구상하다 보면 언제부터 큐레이션에 들어가야 할지 고민이 될 때가 많다. 사람을 잘 이해하는 서비스를 지향한다고 하지만 나조차 내 취향이 뭔지 혼란스러울 때가 많은데 어떻게 다른 사람의 취향을 보여줄 것인가 고민이 생긴다. 이런 고민에 대한 해답을 이미 성공적으로 서비스를 실현해 나가는 서비스로부터 찾을 수 있지 않을까?

당시 차량 내비게이션과 관련된 프로젝트에 속해 있었는데 어떤 식으로 서비스를 전개해 나가야 할지 어려운 부분이 많았다. 내비게이션은 안전에도 영향을 미칠 수 있기에 어설프게 서비스를 개발하면 '왜 굳이 돈을 들여 불편하게 사용해야 할까?'라는 의문이 들기 쉬웠다.

여러 아이디어가 제시됐지만, 운전에 꼭 필요한 서비스가 맞을지 당위성을 찾기 어려웠다. 운전에 방해만 되겠다 싶어 생각을 잠시 멈추다가 알타이어 서점의 적절한 큐레이션 포인트를 떠올리게 되었다. 내비게이션도 일단 사용할 수 있도록 다양한 서비스를 준비해놓고 적재적소에 더 중요한 서비스를 제공하면 되지 않을까?

운전하면서 보이는 환경은 무척 다양하지만, 목적지는 존재한다. 목적지로 가는 길에 예상치 못한 상황이 생길 수 있다. 도로가 움푹 팬 웅덩이를 만날 수도, 터널을 지나갈 수도 있다. 이렇게 갑자기 예기치 못한 상황이 생겨날 때 사람들의 행동은 패턴화되어 있을 것이다. 특정 상황에서 정형적인 패턴을 보인다면 내비게이션에서 미리 해당 패턴에 맞는 서비스를 제공해 주면 좋을 것이라는 생각이 들었다.

예를 들어 웅덩이를 지나갈 때마다 주변에 물이 튀는 게 신경 쓰여 감속하는 패턴을 보인다면 웅덩이가 있으니 감속을 하라는 메시지를 보내주거나 터널을 지날 때는 자동으로 창문을 닫아 주는 서비스를 할 수 있다. 한 단계 더 나아가 사람들이 행동하는 수고를 자동화하여 대신해줄 수 있다면 수많은 내비게이션 중에서 독보적으로 사랑을 받는 서비스가 될 수 있을 것이다. 마치 세상에 수많은 서점이 있지만 유독 바르셀로나의 알타이어 서점에만 가면 소비 욕구가 훨씬 커지는 것처럼 말이다.

취향을 알게 된다는 건 그만큼 그 사람에 대해 고민을 많이 했다는 증거이다. 어떤 취향인지, 필요로 하는 것은 무엇인지,

때론 알기가 어렵지만, 여러 정보를 제안하면서 꾸준히 피드백을 받고 수정해나가면 조금은 사람들의 취향에 어울리는 서비스를 제공해볼 수 있지 않을까. 알타이어 서점을 다녀와 취향과 큐레이션에 대해 다시 한번 고민을 해보게 된다.

자유 영혼들의 구역 크리스티아나

모두의 마음속에 동경하는 나라가 있다. 나에게 그곳은 덴마크였다. 색, 형태, 크기 등 시각 정보에 민감해서 자연스럽게 디자인에 관심이 많았다. 서점에 가면 제일 먼저 디자인 코너로 직진했고, 여행 계획에서도 언제나 디자인 미술관 방문이 빠지는 법이 없었다. 사람들이 열광하는 조화롭고 간결함이 특징인 덴마크 특유의 북유럽 디자인에 유독 관심이 컸다.

그러다 몇 해 전 예술의전당에서 열렸던 덴마크 디자인 전시를 통해 간결한 곡선 디자인에 완전히 매료되기에 이르렀다. '디자인의 나라 덴마크에 가야 한다' 이 생각이 마음 한구석에 진한 바람으로 자리매김한 지 오래되었지만, 막상 실제 방문은 주저했다. 덴마크의 악명 높은 물가에 대한 소문 때문이었다. 컵라면 하나에 2만 원, 김치 한 접시에 7천 원이라는 소문에 여행 계획을 세우다가도 비싼 물가 이야기를 들으면 '나중에 돈 많이 벌어서 가야지' 하며 주저해왔다. 하지만 나중은 결코 안 오는 시간이라는 것을 비로소 깨닫고, 과감히 덴마크 수도 코펜하겐으로 향하는 비행기 티켓을 구매했다.

덴마크의 물가는 비쌌지만 상상 이상으로 디자인의 수준이 상당했다. 괜히 북유럽 디자인이라는 말이 나온 게 아니다 싶을 정도로 곳곳에 시각적인 요소가 아름답게 장식되어 있었다. 단순한 장식을 넘어 커뮤니케이션 용도로 디자인을 활용하고 있었다. 가령 한 권의 책 표지라 할지라도 대충 무엇을 담고 있을지 그려질 만큼 표지 디자인이 독특했다. 당장 부엌에 데려가고 싶을 정도로 간결한 코펜하겐 접시, 역삼각형이 일정한 패턴을 이루며 교차하는 이불을 비롯하여 과자 한 봉지까지 디자인이 독특해 소장 욕구를 불러일으켰다.

덴마크에서 디자인은 특별한 것이 아니라 일상에 함께하는 것이었다. 도로변 벤치, 공원 입구의 안내 표지판, 거실의 소파,

침대 옆의 협탁, 협탁 위의 유리잔, 하나하나에 모두 덴마크가 있었다. 마치 덴마크의 공기에도 덴마크의 디자인이 새겨져 있는 것처럼, 간결하고도 세련된 패턴과 아름다움이 자연스럽고도 또렷하게 각인되어 있다는 것이 놀라웠다. 여행객인 나에게는 새로운 발견의 연속인 작은 '덴마크들'이 바로 덴마크 디자인의 정체 같았다.

덴마크 사람들은 가장 일상적인 것부터 아름답게 한다. 덴마크의 디자인이 언뜻 단순해 보이면서도 모두를 놀라게 하고 현혹하는 지점이 바로 여기 있었다. 덴마크 문화를 직접 화법으로 표현하고 있는 작은 자치구역이 있는데 바로 크리스티아나라는 동네다.

크리스티아나는 코펜하겐의 자치 행정구역이다. 이 지역에 들어가면 사진은 물론 비디오도 찍을 수 없다. 덴마크 법도 통하지 않는 히피들의 공동체 구역이다. 버스를 타고 크리스티아나 지역으로 들어가기까지 마음의 준비가 필요했다. 태어나서 히피들 공동체에 가는 것도 처음인데다 히피라면 사회에서 벗어난 사람이라는 생각에 무서웠기 때문이다. 혹시 붙잡혀 한국에 못 돌아가는 것은 아닌지, 괜히 돈을 뺏기는 것은 아닌지 등

여러 생각이 교차했다. 그래도 언제 와보겠냐는 생각에 한 걸음, 두 걸음 히피들의 자치구로 들어갔다.

버스 정류장에 내리자마자 온갖 과감한 그라피티가 보이기 시작했다. 강렬한 그림이 벽면을 가득 채우며 끝없이 그려져 있었다. 벽면을 따라 10분 정도 걸었을까? 기다란 막대기로 만든 문이 보였는데 거기 사람 얼굴이 새겨져 있었다. 아프리카 원주민 동네에서나 볼 법한 거친 형태에 바로 사진기를 꺼내 들었지만, 문 옆에 사진을 찍으면 안 된다는 표지판이 보였다.

다시 카메라를 가방에 넣은 채 조심스레 크리스티아나를 둘러보기 시작했다. 어린이가 그린 것처럼 순수하고 자유로운 그림들에 경직된 마음이 풀어졌다. 사람들이 모여 물건을 팔고 있는 모습이 보여 시장 구경을 한다는 생각으로 가보았다. 자신이 직접 그림을 그려 넣은 티셔츠를 팔기도 하고 가판대 위에 이것저것 올려놓고 팔기도 했다.

"이 말린 식물들은 무엇인가요?"

"마약. 한 대 피워 볼래?"

가끔 지하철역에서 할머니가 찹쌀떡을 팔듯 이 동네에선 가판대에서 마약을 팔고 있었다. 어쩐지 약초 타는 냄새가 취한다

싶더니, 난생처음 마약 냄새를 맡은 것이었다. 이렇게 자세히 마약을 볼 수 있다니 참 신기했다. 숨어서 조용히, 음지에서 몰래 거래되는 것이 마약이라 생각했는데 대놓고 파니까 머릿속에 막연히 생각했던 이미지가 사라지는 느낌이었다. 밤에만 볼 수 있던 신비로운 누군가를 환한 대낮에 민낯까지 훤히 본 느낌이라고 할까? 그곳만의 분위기가 놀라웠다.

표현하고 싶은 것들을 자유롭게 그리고, 노래하고, 이야기하며 살아가는 크리스티아나 사람들의 모습에서 여유가 느껴졌다. 반미치광이들의 모임일 것이라 상상했지만 어쩌면 반미치광이를 만드는 세상은 내가 속한 세상이 아닐까?

크리스티아나 자치구역을 걸어 다니는데 히피들이 마냥 이상해 보이지 않는 이유는 우리 모두 행복을 찾아 나만의 가치를 추구하고 있기 때문이다. 행복에 대해서 다시 생각해보게 된다. 경쟁 없이 외딴 자치구역에서 주관대로 살아가면 행복할 수 있을까? 행복하기 위한 여러 변수가 존재하겠지만 분명 나의 주관대로 움직일 수 있다는 데서 큰 만족을 느낄 것이다.

나 자신에게 조용히 질문을 해보게 된다. 타인의 시선을 너무 의식하지 않고 내가 바라는 것, 원하는 시간을 만들어가는 노력을 기울이고 있는지. 정작 나에 대해서는 얼마나 많은 관심을 기울이고 있는지에 대해서. 반강제적으로 나가야 하는 모임을 잠시 뒤로하고 오랜만에 내가 그동안 보고 싶었던 영화 한 편을 봐야겠다. 내가 원하는 마음의 목소리를 조금씩 귀담아들어야겠다. 나만의 길을 만들어가기 위해.

고요하고 평화로운 소도시 바하라흐

서울 생활이 벌써 20년째다. 오리지널 도시 사람이 아닌 까닭일까? 주말마다 번화한 서울을 떠나 조용한 교외 지역으로 나선다. 매주 책의 도시 파주에 가서 한적한 풍경을 둘러보기도 하고 고향인 평택에 내려가 가족들과 대화를 나누며 천천히 걸어보기도 한다. 이제 도시 삶에 익숙해질 만도 하지만 여전히 조용히 생각할 수 있는 내 마음의 도시들에 애착이 간다.

유럽의 경제 도시이면서 교통의 허브이기도 한 독일 프랑크푸르트는 서울과 비슷한 이미지를 지니고 있다. 번듯하고 현대적인 건물들 사이로 바쁘게 걸어 다니는 사람들을 보면 마치 오전 8시 30분에 서울 강남 한복판을 보는 것 같다. 업무 때문에 들르는 시기는 가을이고, 겨울 휴가로 가는 시기는 12월 정도이니 매번 프랑크푸르트는 가을과 겨울에만 들른 셈이다.

가을, 겨울의 독일은 길을 헤매도 좋을 만큼 낭만적일 거라고 생각했지만, 막상 프랑크푸르트에 도착해보니 도시의 풍경이 냉랭했다. 쌀쌀한 날씨에 날도 금방 어두워지는 데다 네모반듯한 직사각형의 건축물뿐이었다. 차가운 느낌의 네모반듯한 강철 건물이 가득한 도시는 화려하면서 도도함이 느껴졌다. 사색하는 대신 빨리 결과물을 도출해야 할 것만 같은 기분이 든다. 내가 서울에서 느끼는 감정 역시 이러한 것들이다.

다행히 유럽 여행을 갈 때마다 프랑크푸르트에서 환승을 하면서 근처에 나만의 도시를 만들게 되었다. 포도밭이 있는 전원도시 바하라흐라든지, 학문의 도시 마인츠가 그러하다. 기차를 타고 한두 시간 정도만 가면 쉽게 다다를 수 있어 언제든지 마음이 답답할 때 떠날 수 있다. 깍쟁이 같은 도시 분위기에 경직된 마음을 늘 나만의 도시에서 훨훨 날려 버린다.

바하라흐에는 대성당이나 고대 로마 시대의 목욕탕 터전, 신전 같은 것은 없다. 흔한 유적지 하나 없는 대신 온통 포도밭만 가득하다. 라인강을 끼고 있어 강변 풍경이 전부이다. 마을 주민들은 포도밭 언덕에 올라가 포도를 수확하거나 잡풀을 뽑으며 농사를 짓고 있다. 볼 것이라곤 온통 포도밭뿐이고 사람들은 포도를 건네며 미소를 짓거나 인사를 한다. 시간이 정지된 느낌이다. 어떤 포근한 평온함이 느껴진다. 이 분위기를 사진으로 남기고 싶건만 가장 찍고 싶은 것은 가장 찍을 수 없는 것들뿐이다. 꽉 막혔던 마음에 숨통이 터지는 기분, 평온한 분위기, 선량한 사람들의 마음 모두를 고스란히 기록하고 싶지만, 감정이 쉽게 글로 옮겨지지 않는다.

언덕을 천천히 올라가며 구경하니 포도 외에는 아무것도 없다. 높은 곳에서 아래를 내려다보았을 때만 보이는 강변과 도시 풍경, 싱그러운 포도 향만이 나를 감싼다. 포도밭 구경을 마치고 언덕 아래로 내려가 보니 볼거리 하나 없다고 생각한 도시에 할머니, 할아버지 단체 관광객이 모여 있다. 여섯 명 정도의 그룹이고 분명 백발의 사람들이었지만 표정만은 소풍 가는 초등학생들처럼 밝다. 이 사람들만 온 줄 알았더니 또 다른 할머니, 할아버지 단체 관광객들이 보이고 이어서 다른 관광객들도 보인다. 이렇게 사람들이 자주 찾아오는 것을 보면 혹시 어마어마한 유적지가 있는데 놓친 것은 아닐지 걱정되기 시작한다.

"혹시 이 도시에 유적지가 있나요? 이 도시를 찾는 사람들이 많네요."

"글쎄요, 이게 전부인데. 도시가 편안하니까요."

소박한 카페에 들어가 카페 아주머니에게 여쭤보았더니 유적지의 이름 대신 편안함이라는 단어가 내게 돌아왔다. 대단한 유적지는 없었지만, 곰곰 생각해보니 분명 본 것이 참 많다. 푸른 하늘도 오랜만에 보았고 초록빛 자연, 유유히 흐르는 강, 그리고 따스한 미소까지도. 문득 내가 오후 2시의 푸른 하늘을 두 눈으로 쳐다본 지가 오랜만이라는 생각이 들면서 이 도시에서 한 달 살기를 하고 싶어진다.

예전에 함께 일했던 동료가 제주도 한 달 살기를 하고 돌아와 "인생을 돌이켜볼 때 가장 기억에 남는 순간들이 그때"라고 말한 기억이 난다. 이렇게 점점 주변의 사람들이 현실을 떠나 나만의 도시에서 잠시 정착하거나 쉬다 오는 풍경들이 제법 많아지고 있다. 무엇이 현재 삶의 터전을 잠시 내려놓고 내 마음의 도시, 제2의 고향으로 사람들을 이끄는 것일까?

내가 프랑크푸르트에 도착하면 늘 바하라흐라는 한적한 도시로 향했던 이유는 편안한 곳으로 가고 싶었기 때문이다. 자연과 교감하고 천천히 생각하며 걷는 여유를 만끽하고 싶기에 제2의 도시를 찾아 떠났다. 대도시에서의 삶은 심리적인 부담이 크다. 생산적인 사람이 되려면 다른 사람들의 우선순위에 빠르게 대응해야만 가능하다. 하지만 로봇이 아닌 인간이기에 우리에겐 마음을 놓을 수 있는 재충전의 시간이 필요하고 그게 다시 도시에서의 삶에 집중하고 성취도 높이는 쪽으로 이어진다고 생각한다.

여행을 다녀온 뒤 여행 콘텐츠를 조금씩 쌓아가던 중 우연히 대학생 친구들에게 메일을 받은 적이 있다. 공모전으로 서비스 기획을 하려고 하는데 도와줄 수 있는지를 물어보는 메일이었다. 당장 내 업무를 처리하는 것도 만만치 않아 정중히 거절하려는 찰나에 메일 마지막에 있던 문구가 눈에 띄었다. '기획을 해보고 싶지만, 주변에 물어볼 사람이 없습니다. 잠시라도 도와주시면 큰 힘이 될 것 같습니다.'

막막했던 내 대학 시절이 떠올라 부족하지만, 힘이 되고 싶다는 답변과 함께 회사 근처 카페에서 잠깐 미팅을 했다. 4명의 대학생이 소개한 기획은 여행의 단상을 남길 수 있는 서비스를 만

드는 것이었고 공모전에 출품하기 전에 부족한 부분에 대해서 의견을 듣고자 했다. 생각보다 밀도 높은 분석으로 꼼꼼하게 짜인 기획서에 무척 놀라워하면서 함께 서비스의 차별화를 고민해보았다.

기존에 글을 쓰는 플랫폼이 많은데 과연 여행자들을 위한 글쓰기 플랫폼이란 것이 필요할까? 이런 근본적인 질문을 하면서 가볍게 여행 이야기를 나누기 시작했다. 사람들이 여행지에서 글을 쓰는 이유가 여행 다니면서 쓴 글을 보여주고 싶어서인지, 나만의 추억으로 남기고 싶어서인지에 대해 함께 생각하다 결국 글을 쓴다는 건 나만의 시간을 붙잡는 행동이라는 결론에 다다르게 되었다. 여행하면서 나만의 시간을 붙잡기 위해 기존 플랫폼과는 다르게 여행 중 생각해볼 수 있는 질문을 미리 던져주기도 하고 여행을 하며 기록하기 어려울 땐 핸드폰으로 촬영한 사진을 기반으로 대신 동선을 기록해주기도 하는 플랫폼이면 좋겠다는 아이디어를 만들어 보았다.

철저히 나만의 시간 속에 나만의 시선을 담아내는 글을 쓰도록 도와주자는 의미에서 고요하고 평화로운 사진들과 이미지를 전체적인 서비스 무드로 채택하자는 의견도 나왔다. 차별점은 비공개 플랫폼으로 만들어 나만의 생각을 정리하고 나만의 시간을 만들어 낼 수 있도록 도와주는 방향으로 설정했다.

한 달 살기 트렌드가 보여주듯 우리 모두 자기만의 시간이 필요해서일까, 다행히 해당 기획이 좋은 평가를 받아 그 친구들이 수상했다는 소식을 들었다. 이후에도 나는 종종 그 넷과 연락을 주고받으면서 재미있는 기획 이야기를 나누곤 하는데 그들과 보내는 시간은 무척 특별한 추억으로 자리매김하고 있다.

바쁘고 번잡한 일상에서 자신을 잃지 않기 위한 시간은 필요하다. 대도시를 벗어나 한 달 살기, 귀농, 나만의 소도시 찾기는 어떻게 보면 나만의 행복을 찾기 위한 첫걸음이다. 정신적인 행복을 과연 트렌드로 볼 수 있을까? 생각할 수 있지만 이미 주변을 돌아보면 적극적으로 삶의 터전을 옮긴 사람들이 많다. 오랫동안 추구되었던 남들이 인정하는 성공이라는 가치에서 잠시 물러나 나라는 사람이 원하는 것이 무엇인지 진지하게 고민하는 방향의 서비스가 앞으로도 계속 사랑을 받을 것이다.

이러한 트렌드를 생활 전반에 적용해보며 사람들이 필요로 하는 것을 충족시켜 나갈 수 있다. 자동차의 실내를 나만의 공간으로 만들어 줄 수도 있을 것이고 애플리케이션을 통해 나만의 시간을 찾아가도록 도와줄 수도 있을 것이다. 한계를 짓지 않고 사람들이 필요로 하는 가치에 집중한다면 생활 전반에서 꼭 필요한 서비스를 다양하게 구상할 수 있지 않을까 생각해본다. 그런 의미에서 결국 기획자란, 사람들이 원하는 가치를 누구보다 예리하게 파악하면서 어떻게 원하는 가치를 줄지 끊임없이 고민하고 구체화해 나가는 역할이 아닐까 생각해본다.

직접 다녀와 본 힐링 여행지 추천

나만의 보금자리가 지구상 어딘가에 존재한다는 사실만으로 큰 힘이 될 때가 있다. 나는 군데군데 마음에 드는 보물과 같은 장소들을 심어 놓은 다음 피곤할 때면 조용히 찾아가 생각을 정리한다. 내 마음을 어루만져 주는 장소가 있다는 생각만으로도 마음이 놓인다. 국내외 방방곡곡을 떠나 찾은 나만의 보금자리를 소개해본다.

1. 완주 소양면
전주 근교에 있는 완주에는 자연을 벗 삼아 만든 카페와 숙박시설이 숨어있다. 계곡, 대둔산을 마주하고 경치 감상을 할 수 있다. 한옥과 절제된 콘크리트가 어우러져 과거와 현재를 조화롭게 연결하고 있다. 높은 산 위에서 커피를 마시며 주변 경치를 즐기고, 고즈넉한 아름다움을 느낄 수 있는 장소이다.

2. 군산 선유도
신선이 노닐다가 간 곳이라는 별명이 붙은 선유도에서는 평일에 가면 한적한 바다를 볼 수 있다. 근처 장자도, 무녀도도 함께 붙어 있어 길을 가다 막히면 다른 섬에 들어가 바다 구경도 할 수 있다. 바다를 보면서 해산물 라면을 먹을 수도 있고 석양 노을을 바라보며 호떡을 먹을 수도 있다. 끝내주는 석양과 함께 바다를 보고 싶을 때면 군산 선유도를 향해 떠난다.

3. 파주 문발리
출판단지답게 북카페며 출판사가 많다. 정적인 분위기가 마음을 차분하게 만들어준다. 조용한 카페들이 많아 생각하면서 집중해야 할 때면 주로 파주 문발리에 가서 작업을 하는 편이다. 조용한 곳에서 독서를 하거나 개인 업무를 하면 복잡한 생각이 정리되면서 마음도 편안해지는 경우가 많다.

4. 제주 종달리
제주의 옛집들이 옹기종기 모여 있는 종달리는 소박하면서도 소소한 재미가 있는 마을이다. 당근이 유명해 당근을 모티브로 케이크, 주스 등 다양한 먹거리를 즐길 수 있다. 멋들어진 카페부터 시작해서 앙증맞은 소품들이 가득한 소품 가게까지 다양한 재미가 녹아있는 마을이다. 당근 주스 한 잔을 마시며 소박한 마을을 걸어 다니는 순간 어느새 행복이 찾아온다.

5. 스페인 미하스
피카소가 태어난 말라가라는 도시에서 1시간 정도 떨어진 작은 도시 미하스는 작지만 스페인에서 가장 아름다운 마을로 손꼽힌다. 산 중턱에 있는 하얀 마을은 조경과 건축물 타일이 아름답게 어우러져 동화에서나 볼 법한 풍경을 연출하고 있다. 이 마을의 명물인 당나귀 택시를 타고 도시를 둘러보면 누구라도 흥미로운 시간을 만끽할 수 있다.

6. 스위스 바젤
라인강 사이로 형성된 스위스 바젤은 자연 친화적이면서 중세의 흔적을 보존하고 있다. 이국적이면서 청량한 숲, 시원한 강을 쉽게 볼 수 있어 마음이 탁

트이는 기분이 든다. 사람들이 자동차보다 주로 자전거로 이동을 해서 매연도 없고 도시 자체가 청량한 느낌이다. 만화 박물관, 미술관 등 각종 예술 프로그램도 다양하다.

7. 일본 나오시마 섬

예술의 섬이라 불리는 일본 나오시마 섬은 섬 자체가 거대한 미술관 같다. 시골 마을의 작은 섬답게 조용하면서도 편안하게 예술 작품을 둘러볼 수 있다. 예술 작품을 미술관에서 볼 법한 형태로 박제하지 않고 하나의 가옥 전체를 예술로 승화시켜 천천히 산책하며 자연스럽게 볼 수 있도록 꾸며졌다.

예술이 일상인 리스본 골목길

📍 리스본은 역사의 흔적을 오롯이 간직하고 있어 깊이가 느껴지는 도시다. 시간이 천천히 흐르면서 어딘가 모르게 감미로운 분위기가 도시를 감싸 안는 듯한 느낌을 준다. 왜 그럴까 생각을 해보니 거리마다 조용히 울려 퍼지는 음악 때문이다. 딱 봐도 백 년이 넘는 세월의 흔적이 묻어있는 골목길 어딘가에서 음악 소리가 들려온다.

리스본에 갔을 때 골목길에서 들리는 소리를 따라 걸어가니 노란 형광등 아래 앳된 얼굴의 청년 두 명이 바이올린을 켜고 있었다. 내 인생은 구리다고 징징대는 나에게 그 청년들은 '인생은 아름다워' OST를 들려주기 시작했다. 좁은 골목길에서 펼쳐진 공연이라 아주 가까이서 음악 소리를 들을 수 있었다. 꽁지머리 청년이 바이올린 선율에 심취해 이마에 선명한 핏줄이 나타난 모습까지도 모두 볼 수 있을 만큼의 거리랄까? 약 3분 내외의 공연이었지만 내게 잔잔한 위로를 주었다. 뜻하지 않게 만난 위로가 고마웠다. 청년들 역시 내가 물끄러미 바라보는 게 고마운지 내게 미소를 날리는데 순간 낯부끄러워 소심하게 박수를 몇 번 치고 얼른 그 자리를 떠나버렸다.

어떤 광장에서는 근육질의 청년들이 쿵쾅거리는 비트에 맞춰 노래를 불렀다. 빠르고 강렬한 노래를 불렀는데 지켜보던 한두 사람이 노래를 따라 부르기 시작했다. 그런 사람이 점점 늘어나더니 청년들 주변을 에워싼 수십 명이 너도나도 함께 노래를 부른다. 모두 고개를 앞뒤로 흔들면서 아예 청년들에게 다가가 춤까지 춘다. 할아버지, 할머니까지도 깔깔 웃으면서 손을 마주 잡고 한 바퀴씩 돌고 도는 춤을 춘다.

'이 사람들은 술 취한 사람들인가? 이런 곳에서 창피하게 왜들 그러지?'

그들끼리는 흥이라는 키워드에 맞춰 서로 어울렸지만 내겐

흥도 유쾌함도 없었다. 깔깔 웃으면서 춤추고 노래하는 사람들과 좀처럼 어울릴 수 없었다. 분위기가 낯설어 내가 할 수 있는 것이라곤 눈만 깜빡이는 것뿐이었다. 춤추는 사람들 틈 사이를 빠져나가려고 고개를 들어 기웃거렸다. 그런데 다들 하나같이 웃고 있다. 어깨춤을 추면서 웨이브를 춘다. 비켜달라고 눈을 동그랗게 뜨고 쳐다보는데도 아랑곳하지 않는다. 심지어 어떤 사람은 갑자기 나를 마주한 채 양팔을 마구 흔든다. 이쯤 되면 미치광이들의 모임 터라고 생각할 수 있지만, 이상하게 순간 웃음이 터져 나왔다. 즐거운 감정이 내게 전달된 것이다. 그들은 지금의 감정에 충실하게 살아가라는 것을 온몸으로 말해주는 듯했다. '복잡하게 생각하지 마. 즐겁게 살자고!'

삶을 즐길 줄 안다는 건 작은 행동, 작은 감정도 소홀히 하지 않고 온전히 만끽하는 것이 아닐까. 여유 있는 삶이란 팍팍한 삶을 내려놓고 그 안에 작은 감동, 기쁨이 들어올 수 있게 마음을 열어 놓는 것이 아닐까. 거리는 24시간 야외 공연장이었고 한 사람 한 사람이 모두 예술가였다. 노래 부르고 악기 연주하며 춤추는 것이 삶의 한 부분이었다. 리스본은 일상에 노래와 춤, 악기 연주 등의 예술이 파고들어 얼어붙은 삶에 유연한 파도

를 일렁이도록 만들어주는 곳이었다. 생생한 감동의 순간을 자주 마주하면 할수록 내가 삶을 바라보는 방식 역시 좀 더 다양해지고 풍부해지는 것만 같았다.

리스본 골목길에 영감을 받아 아주 가볍게 일상 속에 예술을 접목하려는 프로젝트를 고민하게 되었다. 첫 번째로 고민했던 프로젝트는 주유소에 예술을 접목하는 것이었고 주유소 담벼락을 활용하여 자연스럽게 공연과 미술 작품을 감상할 수 있도록 하는 서비스를 고민해 보았다. 리스본의 골목길처럼 주유소의 어느 구역에 악기를 연주하는 사람을 두긴 어렵겠지만 연주하는 콘텐츠를 유튜브로 쉽게 보여줄 수는 있다. 이렇게 일상 속의 한 공간에 감동할 수 있을 만한 예술을 조금씩 추가하면 우리 일상이 조금은 유연해지지 않을까 생각했다.

문제는 바로 앞에서 공연을 볼 땐 공연자의 눈빛과 기타를 치는 동작, 관객과 호흡하기 위한 애드리브 등이 어우러져 몰두할 수 있지만, 디스플레이로 보는 순간 이러한 것들을 좀처럼 느끼기 어렵다는 것이었다. 디스플레이라는 장벽이 눈앞에 가로막혀 있으니 아무리 화려한 예술 퍼포먼스를 찾아 틀어도 그저 화면 속의 영상일 뿐이다. 현장의 감동을 그대로 전하고 싶지만 작은 화면 속에선 한계가 보였다.

디스플레이라는 장벽을 허물고 생생하게 인식시키기 위해 화면을 크게 확대해 보여주는 방식으로 전환했다. 대형 프로젝터를 활용해 깜깜한 밤에만 큰 화면을 집중력 있게 보여주거나 음향이 필요하다면 생생하게 울려 퍼지도록 조절했다. 디스플레이나 음향기기와 같은 매개체에 어떻게 하면 집중을 하도록 만들지 고민하면서 서비스를 설계한 기억이 난다. 특정 주유소에서 이 제안을 흥미롭게 검토해서 성공적으로 프레젠테이션했었다.

리스본에 다녀온 지 오래됐지만, 여전히 낭만적인 도시로 기억한다. 단순히 도시 안에 있는 건축물이 아름다워서라기보단 일상에 예술이 자연스럽게 녹아있던 풍경이 선명하기 때문이다. 잔잔한 음악 한 곡, 웅장한 색감의 미술 작품에 때때로 마음이 치유되기도 하고 나 자신을 성찰해 보기도 했다. 힘들고 지치는 순간에 예술은 유연하게 생각해 볼 힘을 선물로 준다. 예술은 그렇게 우리의 삶을 위로하고 돌아보게 만든다.

빨리 뛰어야 하는 삶 속에 조금씩 예술이 파고든다면 삶의 무게가 조금은 가벼워지지 않을까 생각해본다. 예술을 결코 낯선 방식이 아니라 우리 일상에 자연스럽게 녹아들게 만들어야 오랫동안 사랑을 받을 수 있다고 생각한다. 갑자기 길거리에서 공연을 펼치는 사람들을 억지로 투입하는 것이 아니라 일상 속에 자연스럽게 스며들도록 만들려면 어떻게 해야 할지에 대한 고민이 필요하다. 우리가 처한 일상과 예술을 어떻게 접목할지를 기획자가 고민하다 보면 일상의 문화가 조금씩 변화하지 않을까 생각해본다.

경험을 전시하는 쾰른의 박물관

 '초콜릿을 주제로 전시를 하다니!'

어른이 된 이후에도 초콜릿 한 조각을 입에 물고 하루를 마무리할 정도로 초콜릿을 사랑한다. 초콜릿에 대한 나의 사랑은 단순하지 않다. 맛을 넘어 향까지 탐닉할 정도다. 보디 클렌저까지 초콜릿 향으로 사용할 정도이다. 초콜릿은 나를 행복하게 한다. 이런 내게 쾰른의 초콜릿 박물관은 어떤 세계 문화유산보다 기대되는 여행지였다.

쾰른의 초콜릿 박물관은 초콜릿을 사랑하는 사람이라면 단연 흥미롭겠지만 초콜릿에 관심이 없다 할지라도 초콜릿과 관런한 재미있는 볼거리가 풍성해 지루할 틈이 없다. 초콜릿의 기원을 이야기해주기 위해 무성의하게 독일어 표지판을 세워놓는 대신 초콜릿의 원재료인 카카오나무를 식물원처럼 심어 놓아 자연스럽게 초콜릿이 탄생하기까지의 여정에 동참하게 된다.

카카오나무를 보고 열매를 수확하는 장면이 이어지면 다시 분쇄기가 나타난다. 직접 분쇄된 카카오를 만지고 향을 맡아볼 수 있도록 나무 상자에 초콜릿의 원재료를 담아 여과 없이 보여준다. 곧이어 거대한 혼합 기계가 나타나는데 바닐라, 설탕, 카카오와 같은 재료들이 어우러져 걸쭉한 초콜릿 액상으로 섞이는 모습이 보인다. 단순히 사진 한 장으로 설명하는 게 아니라 과정에 동참하도록 보여주는 식이다. 박물관에 찾아온 여행객이 앞치마와 작업복을 입지 않았을 뿐이지 투명한 유리창만 없으면 당장이라도 공장에서 초콜릿을 만드는 데 참여하고 싶을 만큼 초콜릿 공정 과정을 실감나게 보여준다.

100년 전 초콜릿을 담던 상자에서부터 포장지, 그릇은 물론 초콜릿 우유를 만들어 갖다주는 여직원의 모습이나 여공들이 일했던 사진 자료도 풍성해 초콜릿과 관련된 수백 년의 역사를 집약적으로 살펴볼 수 있다. 흥미로운 볼거리가 이어져 오랫동안 집중을 한 탓에 다리가 저려 잠시 박물관에서 나와 쉴 장소를 찾으려 하니 거대한 조형물이 보인다. 성인 남성보다 거대한 조형물에 사람들이 모여 있길래 가까이 가보니 다름 아닌 초콜릿 분수였다. 분수에서는 200kg의 초콜릿이 쉴 새 없이 흘러 내려오고 있었다. 쇼콜라티에가 웨하스에 초콜릿을 묻혀 주변에 모인 사람들에게 하나씩 나눠주고 있었다. 펑펑 쏟아지는 초콜릿 분수에다 초콜릿을 찍어 먹으면서 그 어떤 박물관보다 가장 훌륭한 박물관에 온 것 같다고 생각한 기억이 난다.

뭐니 뭐니 해도 하이라이트는 전시를 다 마친 뒤에 본 안내판이다. 만족스럽게 전시를 보고 집으로 가려는 찰나 저만치 안내판이 보였다. 안내판에 적힌 글자를 드문드문 읽어보니 일정 금액을 내면 세상 어디에도 없는 초콜릿을 만들어준다는 것이었다. 3가지 종류의 초콜릿 베이스를 선택하고 접시 위에 올려진 40여 가지의 토핑 중에서 자유롭게 선택하면 세상에서 단 하나뿐인 나만을 위한, 내가 직접 만든 초콜릿이 탄생한다는 것이었다. 이 특별한 기념품에 당장 지갑 문을 열어 가족들의 초콜릿을 하나하나 정성껏 만들었지만 결국 한국에 도착하기도 전에 내가 다 먹어버리고 말았다.

쾰른을 떠나온 지 꽤 오랜 시간이 지났는데 여전히 초콜릿 박물관에 대한 경험이 선명하다. 그 이후로 쿠바 아바나의 초콜릿 박물관, 스페인 바르셀로나의 초콜릿 박물관 등 초콜릿 관련 박물관이라면 어디든 찾아다녔건만 이곳만큼 선명하게 새겨진 곳은 없다.

쾰른이라는 도시를 이야기하는 김에 빠뜨리기 아쉬운 박물관이 하나 더 있다. 바로 향수 박물관이다. 유럽에서 두 번째로 큰 성당이 있다는 이유만으로도 사람들의 발걸음을 멈추게 하는 곳이다. 그 외에도 쾰른은 매력이 참 풍부하다. 18세기 쾰른의 물은 신비한 효능이 있다는 이야기가 전해져 내려왔다고 한다. 물이 워낙 신비로워 쾰른시에서 나온 물로 향수까지 만들 정도였다고 한다. 때마침 프랑스 군대들이 잠시 쾰른을 거쳐 원정을 떠나야 하는 상황이 있었는데 나폴레옹이 이 향수를 사용하면서 쾰른의 향수가 유럽 전역에서 어마어마한 인기를 끌게 되었다고도 한다. 쾰른은 향수로 점점 유명세를 더하면서 '콜로뉴의 물'이라는 브랜드 향수를 만들었다. 이 향수는 오늘날까지 수백 년간 명맥을 이어가고 있다.

향수 박물관은 이렇게 수백 년의 역사가 담긴 쾰른시의 향수

이야기를 보여주는 장소다. 냄새를 맡고, 맛을 음미하는 것은 눈으로 보는 것과는 전혀 다르다. 어떻게 후각을 시각으로 표현할 수 있을까? 이런 궁금증이 생길 때쯤 모차르트 동상에서나 본 하얀 가발을 쓴 아저씨가 중세 복장을 하고 인사를 한다. 그 아저씨와 함께 전시실에 있던 관람객들은 다 같이 중세시대로 걸어 들어간다.

우리가 있던 곳은 300년의 전통을 지닌 향수 공장이었다. 이 장소의 역사는 1723년부터 시작되었다. 아저씨는 자신을 향수 공장 가문의 사람이라고 소개를 한다. 마치 연극 배우처럼 아저씨의 표정, 어투, 몸짓까지 생동감이 넘쳐 이야기에 점점 빠져든다. 아저씨가 "나를 따라오세요."라고 하며 지하로 안내했는데 바로 그곳에서 어떻게 향수를 제조하게 되는지를 더욱 자세하게 볼 수 있었다. 300년 전 향수 공장을 그대로 재현하여 당시 사용한 수많은 삼나무통과 탕제기는 물론 비커, 스포이드까지 향수 제조 기구들을 볼 수 있었다.

장소를 이동할 때마다 하나의 향수를 만들기 위해 얼마나 다양한 향을 수집했고 어떤 재료를 섞어 하나의 독특한 향이 탄생했는지 과정을 느껴볼 수 있었다. 향을 맡은 뒤 향을 맞춰보는 과정도 흥미로웠다. 수많은 향을 맡고 유추하고 조향하는 과정은 일상에서 쉽게 경험할 수 있는 것은 아니어서 더 특별하게 느꼈을지도 모르겠다. 3세기에 걸쳐 어떻게 향수를 만들게 되었는지 약 45분이라는 시간 안에 함축하여 설명해주는데 그 시간이 무척 짧게 느껴졌다. 더불어 퀼른 향수 위조품 문제까지도 설명해주어서 한때 당면했던 어려움도 함께 알 수 있었다. 지루할 틈이 없었다. 설명이 다 끝나고 향수 샘플러를 하나씩 나눠주는데 상큼한 오렌지 향과 함께 전시가 마무리되어 즐거운 감정이 배가 됐다.

최근 재미있는 뉴스 하나를 보게 되었다. 하버드 대학교 다이애나 테미르 교수팀이 뇌 실험을 했는데 사람들이 자신의 이야기를 할 때 뇌에서 어떤 반응이 일어나는지를 알아보는 실험이었다. 놀랍게도 사람들이 직접 경험한 일을 이야기하거나 자신의 이야기를 할 때 뇌는 돈을 가졌을 때나 맛있는 음식을 먹었을 때와 동일한 반응을 보인다고 한다. 초콜릿 박물관과 향수 박물관 모두 경험을 제공한다. 직접 참여를 하면 할수록 우리에게 의미가 더해진다. 단순히 타인이 만든 것을 수동적으로 보는 것이 아니라 참여하면 나 역시도 전시의 일부가 되고 호감이 생

긴다.

서비스를 출시하기 전에 사람들의 반응이 어떠할지 예상할 수 없을 때가 더 많다. 이럴 땐 서비스의 흐름 정도를 종이에 쓰거나 영상으로 제작한 다음 빠르게 의사를 전달하는 편이다. 아이디어가 현실성이 있는지 알아보기 위해서 다른 사람들의 의견을 듣기도 한다.

동생이 아들을 출산한 후로 동생 집에 놀러 갈 때마다 바쁘게 분유를 만드는 걸 보고서 뭐라도 도와주고 싶은 마음이 들었다. 문득 매일 에스프레소 머신에 커피를 내려 마시던 내 모습이 오버랩됐다. 네스프레소처럼 분유 캡슐을 만들면 좀 수월해지지 않을까? 하루 얼마나 분유를 마시고 어떤 온도로 마시는지 앱으로 모니터링을 할 수 있으면 좋지 않을까? 막연히 이러한 생각을 하게 되었다. 문제는 한 번도 사용해보지 않은 분유 캡슐 머신이 과연 유용할 것인지 아닌지에 대한 판단조차 내리기가 어렵다는 것이었다.

나는 우유만 나오게 커피머신을 조정한 다음 어느 정도의 온도로 몇 번을 마셨고, 얼마나 마셨는지를 시각적으로 볼 수 있는 화면 정도만 만들어 아기 엄마들에게 경험해보도록 했다. 대부분은 있으면 좋을 것 같다고 했지만, 분유 캡슐을 신뢰하지 못해 소중한 자식에게 주고 싶지는 않다는 의견을 제시했다. 비록 간단한 서비스 화면으로 테스트를 해보았지만, 사용자의 피드백은 확실히 깊이가 달랐다. 막연히 말로 전달할 때에는 피드백이 한정적이었지만 뭐라도 경험하도록 만드는 순간 사용자들은 한 번 더 서비스에 대한 생각을 해보고 구체적인 의견을 전달하게 된다. 경험이 쌓이면서 서비스에 애착을 갖고 개선의 여지가 생기는 셈이다.

사용자를 최대한 참여시키는 서비스는 지름길을 걷는 것과 같다. 사람들이 서비스에 대한 자신만의 스토리를 만들도록 하고 의견을 제시하게 할수록 서비스가 풍성해진다. 처음엔 미처 생각하지도 못했던 아이디어가 발굴되기도 한다. 완벽한 상태에서 사용자의 의견을 듣기보단 불완전한 상태부터 빠르게 사용자의 의견을 듣는다면 기능을 정의하는 시간 역시 줄일 수 있다. 사용자와 계속 접점을 만들고 문의를 해서 그들을 서비스 초반부터 개입시키는 것이 중요하다.

요즘은 서비스를 이용하려는 사람들을 빠르게 찾아볼 수 있다. 맘 카페, 인스타그램, 크라우드 펀딩 등 오픈 공간에 아이디어 콘셉트를 제안해 보면 된다. 간접적이든 직접적이든 관심 있는 사람이 서비스를 체험하면서 인지하기만 해도 충분히 가치 있는 시간이라고 생각한다. 마치 초콜릿 박물관이나 향수 박물관의 경험을 평생 잊지 못하는 것처럼 오감으로 인지시키고 체험하도록 만드는 서비스를 사용자는 오랫동안 기억할 것이다.

핸드메이드가 넘치는 뉘른베르크

📍 뉘른베르크는 히틀러의 정신적 고향이자 독일에서 가장 넓은 바이에른 주에서 뮌헨 다음으로 큰 도시이다. 나치의 중심 도시이면서 유대인 학살의 근거가 된 뉘른베르크 법 역시 이 도시에서 만들었을 만큼 역사적으로 중요한 도시이다. 박물관도 많고 역사의 현장도 많아 역사에 관심이 많은 사람이 이 도시를 찾는다고 하지만 내가 뉘른베르크를 일부러 찾아갔던 이유는 따로 있었다. 핸드메이드 마을이 존재한다고 들었기 때문이다.

때론 눈에 보이는 유명 브랜드의 스카프보다 꼬깃꼬깃 접힌 종이 안에 쓰인 손글씨에 감동하기 마련이다. 핸드메이드는 세상에 단 하나밖에 없는 것이자 사람의 정성이 듬뿍 들어간 상품이기에 마음이 설렌다. 핸드메이드 마을은 퀴니히 성 내부에 옹기종기 자리 잡고 있다. 수공예 마을답게 집 현관마다 손으로 직접 만든 모빌이며 안내 표지판이 보인다. 내가 방문했을 당시는 약 11시경이라 여러 관광객이 들어가 구경하고 있었는데 어른, 아이 할 것 없이 손으로 만든 작품들에 눈이 휘둥그레진다. 어른들은 "옛날에는 말이지…"라면서 손으로 뭐든 직접 만들던 이야기를 하고, 아이들은 요즘에는 볼 수 없는 진기한 나무 장난감과 모빌에 신기해한다.

수공예 마을에는 손으로 만든 인형과 기념품으로 사기 좋은 액세서리, 인테리어 소품이 많다. 공방에 따라 장인이 직접 나와 소품을 만들고 판매하기도 한다. 오랜 세월 누적된 예술을 옆에서 지켜보는 재미가 쏠쏠하다. 소품을 기계로 뚝딱 만드는 게 아니라 심혈을 기울여 다듬는 과정을 옆에서 볼 수 있다. 단순한 나무 모빌이 아니라 사랑하는 마음이 들어간 나무 모빌이라는 점에서 가치는 배가 된다.

핸드메이드 소품은 모두 같아 보이지만 조금씩 다르다. 말 그대로 손으로 직접 만들기 때문에 문에 걸어놓는 나무 안내판이라면 폰트가 조금씩 다르고 모양도 제각각이다. 목각 인형만 보더라도 모두 표정도 다르고 형태도 제각각이다. 손으로 만드는 과정에서 장인이 즉흥적으로 형태를 수정하기도 한다. 이렇게 소품 형태가 조금씩 다르다 보니 조금 더 유심히 보게 되고 그렇게 마음을 기울이다 보면 몇몇 마음에 쏙 드는 작품도 나타난다.

장인의 숨결이 닿은 작품들은 독특한 멋이 묻어있다. 사람 손으로 빚어 만든 작품을 직접 보면서 만든 사람들과 교감하는 시간이 새삼 낯설게 느껴진다. 평소 내가 사용하는 제품이나 서비스는 누가 만들었는지 어떤 생각으로 만들었는지 알 수 없다. 그런데 핸드 메이드는 직접 만든 사람들이 어떤 생각으로 왜 만들었는지 마주할 수 있는 순간이 있고 그 순간에 낯설지만 잔잔한 울림과 생각이 전해져 작품 하나하나가 다시 보인다.

수공예 마을을 벗어나 뉘른베르크의 한 노상 마켓에 가보니 거기에도 손으로 만든 무언가가 보인다. 블루베리 과즙을 으깨 만든 블루베리 잼부터 속살이 그대로 보이는 살구 잼과 다양한 종류의 치주, 정원에서 키우면 좋을 만한 바질, 캐모마일, 라벤더가 보인다. 안내 표지판 역시 하나하나 직접 그린 것이라 이목을 붙잡는다.

독일의 이미지를 떠올려보면 정교하고 날카로운 기계나 제조업이 강하게 연상되곤 했다. 폭스바겐, BMW, 벤츠의 나라이면서 최첨단 디지털을 지향하는 전동 공구 업체 보쉬의 본거지가 아닌가. 세계 자동차 시장을 주름잡는 제조업이 강한 나라라는 이미지가 강해 뉘른베르크 풍경이 더욱 새롭게 느껴진다. 이상하게 독일 어디를 가도 사람의 손길이 닿아 있는 무언가가 계속 눈에 띄었다.

앉아서 작업하는 시간이 길어지면서 허리와 목이 아플 때 도움을 줄 수 있는 건강관리 서비스 앱을 고민했던 기억이 난다. 목, 허리, 다리 등 한 부위를 터치하면 쉽게 운동하고 통증을 완화할 수 있는 여러 운동 콘텐츠를 연결해주는 서비스였다. 처음에는 알짜배기 정보들을 다양하게 모아 사람들이 필요로 하는 부위를 누르면 수많은 정보를 보여주는 것이 좋겠다고 생각했다. 이 서비스를 한창 고민하던 중 독일 핸드메이드 마켓에서 힌트를 얻어 이를 건강관리 서비스에 적용해보게 되었다. 가령 이틀 연속 서비스를 이용하면 축하 카드를 전해주거나 폭죽을 터뜨리고 콘텐츠마다 별점 버튼을 추가해 사용자들이 제공하는 피드백이나 버튼을 누르는 횟수를 고려해 서비스가 점점 진화하도록 설계하는 식이다.

사용자의 피드백을 전달받으면 단순히 "감사합니다."라는 메시지를 전달하는 게 아니라 "다음번에는 꼭 반영할게요!"라는 메시지를 전달해 점차 서비스가 나아지는 모습을 보여주는 것이다. 마치 사용자가 직접 서비스를 키우는 것처럼 느끼게 하는 형태로 기획의 방향을 바꾸었던 기억이 난다. 무조건 디지털화하는 것이 아니라 사람이 느끼는 다양한 감정들을 서비스하기 위해 메시지 하나하나에 사람의 흔적을 보여주니 서비스 출시 전 사용자 조사에서 긍정적인 반응을 받았던 기억이 난다.

난 오늘도 아이패드에서 화면을 넘길 때 들리는 종이 넘기는 소리나 3일 연속 영어 문제를 풀었다고 축하 폭죽을 터뜨려주는 메시지에 작은 배려를 느낀다. 내 감정을 조금이라도 고조시키고 기대하지 않은 의외의 기쁨을 주는 서비스에 애착이 생긴다. 어디까지 기계가 대신해주고 어디서부터 인간이 직접 개입해야 할지 딱 잘라 선을 긋기는 어렵다. 다만 인간만이 제공할 수 있는 감정들을 사용자에게 전달하고 기쁨을 주는 서비스가 있다면 갈수록 디지털화되는 이 시대에 더욱 사랑받을 수 있으리라 생각한다.

범죄 지역에서 예술 거리로 변신한 라발 지구

📍 오줌 냄새가 풍기고 매춘부, 비렁뱅이가 살며 도난이 비일비재했던 장소가 있다. 예술의 도시 바르셀로나에 있는 거리라고 하면 말도 안 된다고 할지 모를 그 거리는 바르셀로나 사람들에게 숨기고 싶은 치부이기도 하다. "절대 여자 혼자 그 거리에 가면 안 돼." 바르셀로나에서 20년 이상 거주한 다니엘 언니는 그 거리, 라발 지구에 간다고 하면 늘 가방을 붙들고 말린다.

몇 년 전만 해도 라발 지구에 가면 대낮인데도 술에 취해 비틀거리는 사람을 3분마다 한 번씩 마주칠 정도였고 걸쭉하게 가래침을 뱉는 소리를 쉴 새 없이 들을 수 있을 정도로 더럽고 위험한 분위기였다. 밤에는 매춘부들이 요란한 의상으로 사람들을 붙잡는 풍경을 바라보며 잰걸음으로 달려갔던 기억이 난다. 바르셀로나를 그리는 수많은 여행 잡지를 떠올리면 피카소, 가우디가 살아 숨 쉬는 도시, 예술과 낭만이 넘치는 도시라고 소개하건만 라발 지구는 낭만은커녕 긴장만이 도사리는 구역이었다. 범죄가 끊이지 않았고 사건 사고가 일상인 곳이었다.

바르셀로나 정부에게도 라발 지구는 치부였고 풀어야 할 숙제 중 하나였는데 경찰을 투입해 사건을 수습하기에 급급한 대신 공공 도서관과 예술 센터, 미술관을 만들었다. 특히 미술관은 바르셀로나를 대표할 정도의 규모로 만들었다. 마치 달동네에 예술의 전당을 만드는 식의 정책이라 모두 깜짝 놀랐다.

그 후로 몇 년 뒤 라발 지구 곳곳에 여러 개의 도서관이 나타났다. 바르셀로나 정부는 오래된 수도원이나 성당을 개조하여 도서관을 만들었다. 도서관을 떠올리면 종이 냄새, 책의 질감, 정숙한 분위기와 함께 사각사각 연필 소리가 떠오를 텐데 라발 지구의 도서관은 입구부터 오줌 냄새가 진동했다. 반미치광이가 도서관 입구 옆에서 주저앉은 채 멍하니 땅을 쳐다보고 있어 그곳이 도서관인지 정신병원인지 헷갈릴 정도였다. 도서관

안에 들어가 보면 더 가관이었다. 곳곳에 시뻘겋게 충혈된 눈을 한 사람이 앉아있었다. 누더기를 입고 있는 히피들과 일부 사서가 섞인 풍경이 어색하게 연출되어 전혀 안 어울리는 두 부류의 사람들을 한 곳에 억지로 구겨 넣은 것 같았다. 세상에서 가장 억지로 만든 공간이라는 생각이 들었다.

수년이 지나 위치조차 가물가물할 때 우연히 그 거리를 걷게 되었다. 충전도 할 겸 책도 볼 겸 라발 지구의 도서관을 찾아 들어갔는데 꽤 많은 사람으로 가득 찬 도서관의 풍경에 무척 놀랐다. 머리를 감지 않아 냄새를 풍기는 사람, 다 찢어진 청바지를 입고 랩을 부르는 사람 등 학자 느낌은 나지 않는 사람들이 책을 읽고 있었다. 마치 자기 안방에 들어온 듯 편하게 도서관에서 시간을 보내고 있었다.

바르셀로나 정부는 문화시설에 어떠한 노력을 한 것일까? 그 해답을 찾기 위해 몇 날 며칠 라발 지구의 문화시설을 흥미롭게 둘러보다 이유를 찾게 되었다. 도서관이라는 공간을 그들 나름대로 해석하여 엄숙하고 딱딱한 공간이라는 선입견을 없애고 즐길 만한 장소로 바꾸었다. 자연스레 책에 대한 궁금증을 유도하는 풍경이 재미있다. 도서관 입구에는 책에 대한 소개와 짧은 이야기가 적힌 팸플릿이 놓여 있는데 스페인어를 전혀 모르는 이방인이라도 팸플릿 속 그래픽이 독특해 저절로 손길이 갈 것 같았다. 팸플릿을 읽으면서 책은 물론 이 팸플릿 몇 장을 기념품으로 소유하고 싶다는 생각이 들 정도로 매력적이었다.

우스꽝스러운 사람 모양 브로슈어를 만든 뒤 도서관 행사를 알린다든지 추상적인 도형을 사용해서 포스터를 만들어 어떤 공연이 펼쳐지는지 알려주고 있었다. 카페에서만 볼 수 있을 법한 조명을 책장에 비추니 누구라도 흥미가 생겨 한 번쯤 들어가 보고 싶은 충동을 느끼게 될 것 같았다. 아무 관심 없이 지나갈 건물에 색을 입혀 그대로 보여주고 있었다. 시민들의 세금으로 운영되는 공공자원인 만큼 도난, 분실에 대한 염려도 클 테지만 과감하게 입구부터 책을 전시했다. 책의 한 부분을 펼쳐 그대로 전시한 구역도 있고 예쁜 그림이 있는 그림책은 한 군데를 펼쳐 올려놓은 곳도 있었다.

바르셀로나에서 가장 골칫거리였던 구역에 문화시설을 만들었다는 자체도 놀랄 만한 일이지만 더 나아가 사람들이 찾도록 다양한 연결고리를 만들었다는 데 주목할 필요가 있다. 문자를 모르는 외국인, 이방인, 부랑자라 할지라도 흥미를 느낄 수 있도

록 그림으로 콘텐츠를 보여주는 방식과 세심한 표지판은 사람들이 이 공간을 찾고 서비스를 이용하도록 만드는 다리 역할을 톡톡히 해준 셈이다.

이런 사례를 보면서 과연 내가 만들려고 하는 서비스는 다른 사람들이 사용할 수 있는 연결고리가 충분한지 생각해보게 됐다. 메일 결제 서비스를 고민하면서 첫 화면에서 결제까지 이어지도록 연결되는 흐름이 익숙해 나도 모르게 비약적으로 결제하는 단계를 줄이려고 하거나 자동화를 적용하는 오류를 범할 때가 있다. 처음 보는 사람도 쉽게 결제에 접근하기 위해선 단순히 모든 단계를 줄여 자동화하는 것보다는 현재 어떤 단계에 있는지를 보여주거나 돈이 인출될 때 동전 소리를 추가하는 등의 효과를 주어 서비스를 쉽게 보여주는 것이 더 필요하다고 판단을 하고 수정을 했던 기억이 난다.

라발 지구가 앞으로 어떻게 더 변해 갈지 누구도 예측하기가 어렵다. 나는 어느새 스페인에 갈 때마다 남편을 데리고 라발 지구에 간다. 그곳은 이제 불쾌하고 위험한 곳이 아니라 바르셀로나에서 가장 매력적이고 흥미로운 장소이자 내가 사랑하는 사람들과 함께 찾는 장소 중 하나이다.

여전히 라발 지구엔 이방인이 많고 그라피티가 벽면을 한가득 메우고 있다. 예술가들이 노래 부르고 그림을 그리는 풍경들이 곳곳에 널려 있다. 한때 범죄 지역이 지금의 흥미로운 예술 거리로 바뀌어 나가는 모습이 재미있다.

한때는 투우장, 지금은 문화센터가 된 그곳

발렌시아는 빠에야의 고장이기도 하지만 내겐 바르셀로나와 헷갈리는 도시이기도 하다. 무슨 말도 안 되는 소리냐고 할 수 있겠지만 혼자 여행을 하다 보면 기차에서 들리는 안내 방송을 잘못 알아들을 때가 있다. 솔직히 고백하면 이런 식으로 바르셀로나인 줄 알고 발렌시아에 잘못 내린 적이 여러 번이다.

그날 분명 바르셀로나라고 들었건만 내가 내린 역은 발렌시아였다. 당시 마침 다음 일정이 없어 즉흥적으로 발렌시아 여행을 제대로 해보기로 했다. 빠에야의 고장 발렌시아는 유럽의 여느 도시처럼 볼거리가 많다. 기원전 138년 로마의 식민도시부터 역사가 시작되니 몇 천 년 동안 축적된 유산의 양이 상당했다. 대성당도 있고, 유럽의 3대 시장 중 하나라는 중앙시장은 물론 15세기 중세 무역의 중심이 된 비단 거래소도 만날 수 있었다. 발렌시아 정부 주관으로 문화유산이 있는 공간은 바닥에 티끌 하나 없을 정도로 잘 보전이 되고 있었다.

무엇보다 투우장이 인상적이었다. 발렌시아 투우장은 온갖 구경거리가 넘쳐서 발 디딜 틈 없을 정도로 사람들이 많았다. 오히려 세계 문화유산으로 지정된 발렌시아 대성당보다 많은 사람이 모여 있던 기억이 난다. 유튜브도 없고 드라마도 없는 시대에 투우는 사람들이 무척 즐겨보는 대중 엔터테인먼트였다. 한두 시간이라는 짧은 시간 동안 투우사들과 경기용 소가 삶과 죽음을 두고 경기를 펼쳤다. 목숨 걸고 하는 경기를 보며 사람들은 강렬한 카타르시스를 느꼈다. 그래서일까. 피카소, 고야, 헤밍웨이 등 당대의 유명 예술가들은 투우 경기를 즐겨 보며 자신들의 예술 소재로 승화한 경우가 꽤 많다.

놀 거리도 많고, 볼거리도 많아 죽고 죽이는 투우를 굳이 찾지 않고, 점점 투우장에 발길을 끊던 시절도 있었다. 사람이 찾지 않으면 공간은 죽게 된다. 발렌시아도 마찬가지였다. 발렌시

아는 사람들이 찾지 않는 투우장에 숨결을 불어넣기 위해 고민을 하다 요즘 사람들의 입맛에 맞는 공간으로 재탄생시켰다. 예전처럼 엔터테인먼트 기능만은 유지하되 쇼핑도 할 수 있고, 공연도 할 수 있고, 심지어 술과 쿵쾅대는 음악까지 함께할 수 있는 공간으로 바꾼 것이다.

어린이들도 거리낌 없이 투우장을 찾아올 수 있도록 한쪽 구역에선 연극을 했다. 다른 한쪽 깊숙이 들어가면 어른들이 술을 마시며 즐길 수 있도록 자리를 마련해 놓았다. 어떻게 보면 과거의 역사적인 장소에서 술을 마시고 노래를 부르는 것이 낯설 수 있다. 마치 석굴암에서 술 마시고 테크노댄스 공연을 관람하는 기분이라고 할까?

하지만 과거 추억의 장소를 재구성하니 좀 더 특별한 감성을 전달받게 된다. 전 세계 어디서도 보지 못한 독특한 풍경들을 보고 있다는 사실 그 자체만으로 흥미롭다. 사람들이 기존에 투우장이라고 하면 떠올리는 이미지도 연상시키고 요즘 사람들이 즐기는 콘서트나 연극 등을 접목했기에 공간을 성공적으로 되살릴 수 있었다.

사람들이 기존 서비스를 어떻게 생각하는지를 기반으로 서

비스를 설계하는 것은 무척 중요하다. 세면대의 수도꼭지를 설계할 때 늘 수도꼭지를 눌러야 물이 나왔던 경험만 했었던 사람에게 갑자기 손뼉을 치면 물이 나오는 서비스를 제공하면 혼란스럽다. 이 서비스는 곧장 실패할 확률도 높다.

가끔 내가 만드는 앱을 포함한 여러 서비스에 다른 서비스와 어떤 차별점을 제공할지 고민하다 나도 모르게 세상에 단 하나밖에 없는 기상천외한 방식을 생각해보게 된다. 물론 다양한 아이디어를 고민해보는 것은 꼭 필요하지만 동시에 과연 사람들이 충분히 경험해보았을지를 한번 생각해봐야 한다.

쪽지 보내는 앱을 기획할 때 입으로 '후~' 불면 쪽지가 날아가는 서비스를 고민했던 적이 있었다. 신선한 서비스라 충분히 차별점이 있다고 생각했지만, 문득 과연 이렇게 '후~' 불면서 쪽지를 보낸 경험이 사람들에게 얼마나 존재할지 질문해 보니 확신이 서질 않았다.

서비스를 기획하는 데 있어 없던 것을 새로 만든다는 것은 있을 수 없는 일이라고 생각한다. 새로운 기술, 독특한 서비스를 고민하기보단 근본적으로 어떤 문제가 있는지를 파고드는 것이 더 필요하다. 성공한 서비스들을 뜯어보면 독창적이고 기술 진

입장벽이 높아 서비스가 성공적으로 출시가 되었다기보단 덜 독창적이지만 근본적인 문제점에 대한 솔루션을 제공한 것인 경우가 많다.

과거의 콘텐츠를 재구성하는 것이 사람들에게 매력적이냐 묻는다면 그렇다고 생각한다. 다만 재가공할 땐 사람들이 기존에 갖고 있던 경험과 사고방식을 최대한 배려한 채 콘텐츠를 제공하는 것이 중요하다.

비단 발렌시아뿐만 아니라 스페인, 유럽 전역에서 옛 공간을 재해석하는 흐름이 보인다. 바르셀로나 에스파냐 역에 있는 아레나 몰도 한때의 투우장을 거대한 쇼핑몰로 탈바꿈해 지역의 랜드 마크로 자리매김하고 있다. 마드리드는 한때 병원이던 건물을 개조하여 세계적인 현대 미술관으로 탈바꿈시켰다.

사람들의 관심사는 지금도 계속 변하고 있기에 과거의 문화도 계속 재해석되고 있다. 성공적으로 재해석되는 장소들은 대부분 과거에 지닌 가치를 그대로 보전하면서 사람들이 사용하기에 낯설지 않게 진화해가고 있다. 사람들이 문화재를 찾지 않는다는 목소리가 높아질 때야말로 무엇에 관심을 두는지에 귀를 기울일 때이다.

공간에 숨결을 불어넣는 여러 사례를 보면서 사람들이 좋아하는 것을 어떻게 유적에 접목할지를 열린 마음으로 바라본다면 재미있는 문화가 생겨나지 않을까 생각해본다.

유럽여행 중 발견한 모빌리티의 미래

📍 스페인 남부 도시 중 가장 번화한 도시라 일컬어지는 말라가에는 다양한 모빌리티가 범람하고 있었다. 거리에는 인파만큼 다양한 종류의 킥보드가 돌아다니고 자전거, 오토바이를 타고 다니는 사람들도 많이 보였다. 킥보드를 타는 모습도 가지각색이었다. 안전모부터 무릎 보호대까지 착용한 사람부터 함께 킥보드에 올라 씽씽 달리는 남녀까지 다양했다.

걸어 다니면서 전단지 몇 개를 받았는데 그 안에는 모두 킥보드 할인 쿠폰이 들어있었다. 8월 말의 말라가는 햇살이 강렬해 천천히 걸어서 이동하는 게 만만치 않아 너도나도 킥보드를 타고 이동하는 모습을 보고 나도 한번 킥보드를 타보기로 했다.

킥보드를 타려면 핸드폰 앱을 설치해야만 했다. 그런 다음 킥보드에 있는 바코드를 찍어 인증해야 했다. 하지만 안타깝게도 앱을 설치하고 이용을 하려면 이용하는 내내 네트워크 통신이 원활해야만 했다. 최소 10분 이상은 네트워크 통신이 연결돼야 앱을 설치해 인증할 수 있었다.

만약 와이파이가 잘 터지는 카페 안이었다면 수월하게 설치하고 인증까지 마무리했을 텐데 대부분 킥보드는 실외 골목길 어딘가에 널브러져 있는 형태였고 골목길까지 네트워크가 원활히 터지진 않았다.

로밍 서비스를 이용하는 외국인 입장이라 아쉽게 이용하질 못하고 다른 대안을 고민할 수밖에 없었다. 이동은 외국인이든 자국민이든 누구에게나 필요할 텐데 외국인을 위해 킥보드는 어떤 배려를 해줄 수 있을까? 수많은 킥보드 이용 쿠폰을 받았지만 왜 난 이곳에서 하나도 사용을 못 하는 것일까? 이런 아쉬움을 뒤로하고 뭐니 뭐니 해도 가장 접근하기 편한 택시를 타고 이동해보기로 했다.

아무리 리터당 요금을 책정한다고 하지만 검증된 후기가 필요해 전 세계인의 택시 서비스인 우버를 활용해보기로 했다. 말라가에서 가장 번화한 거리인 라리오스 거리에서 히구론이라는 인근 도시로 이동하기 위해 우버 앱을 실행해 택시 기사를 호출했다. 1분도 안 돼 기사님이 매칭됐다고 연락이 왔다. 해당 택시 기사님은 후기가 300개가 넘을 정도로 자주 우버 운전을 하시는 것 같았다. 그만큼 말라가 현지 사람들이나 외국인이 우버 서비스를 자주 애용하고 있다는 점을 알게 되었다.

드디어 쉽고 편리하게 우버 택시를 타고 말라가에서 인근 도시로 이동할 수 있다고 생각하며 기다렸다. 그런데 아무리 기다려도 우버 기사님이 오지 않았다. 와이파이가 잘 터지는 카페에 앉아 기다렸기에 통신 문제도 아닌데 하염없이 기다려도 기사님은 오시지 않았다. 한참을 기다리다 우버 앱에 메시지 여러 개가 있는 것을 확인했다. 스페인어로 길게 쓰인 글을 구글 번역기에다 돌려보니 우리가 있는 번화가로는 차가 진입하기 어려우니 다른 곳에서 만나자는 내용이었다.

기사님이 이야기한 장소로 가보았지만 뵙지 못했다. 사실 기사님이 만나자고 한 장소까지 잘 찾아간 건지도 모르겠다. 외국인인 우리 부부는 다른 곳이 어디인지 알기가 어려웠고 스페인

어로 계속 소통하며 장소를 조율하는 과정이 피곤했다. 30분 넘게 택시 기사님과 연락을 하다 결국 무거운 짐을 직접 짊어지고 두 발로 걸어가는 걸 선택했다.

지금 생각해보면 돌아다니는 아무 택시나 타고 갔으면 그때 그렇게 고생을 하지 않았을 텐데, 라는 아쉬움도 남지만 쉽게 잊히지 않는 추억이 되었다.

여행에서 돌아온 뒤 마침 대학원에서 서비스 개선 프로젝트를 진행했다. 내가 말라가에서 이용하려고 시도했지만 아쉽게도 이용하기가 버거웠던 이동수단과 관련된 서비스를 선택하여 외국인의 관점에서 개선할 수 있는 부분을 고민해보았다.

외국인들은 현지인들이 이야기하는 위치가 어디인지 정확히 모르니 단순히 지도에 핀 위치가 나타나는 게 아니라 스트리트 뷰 형태가 나와 시각적으로 장소를 확인할 수 있게 해서 서로 원활한 대화를 할 수 있도록 번역했다. 통신 장애가 발생했을 때를 대비해 앱에 미리 통신이 되는 곳을 표시해 바코드 번호를 찍는 게 아니라 번호를 입력하는 등의 아이디어도 생각을 해보았다.

아무리 혁명적인 모빌리티 서비스와 제품이 나온다고 해도 최종 소비자의 눈에 그저 그림의 떡이라면 공허한 외침일 뿐이다. 이동수단은 앞으로 더욱 다양해지고 이동수단의 변화에 따라 서비스도 더욱 다양해질 것이다.

변화라는 파도가 일렁일 때야말로 사용자들을 더욱 세심하게 살펴야 한다. 서비스를 이용하는 도중 멈추거나 실패한 많은 사례를 분석해 조금씩 개선하고 사람들이 많이 이용한다면 반쪽짜리 모빌리티 혁명이 아니라 진정한 모빌리티 혁명의 시대가 도래했다고 이야기할 수 있지 않을까.

4장
기획자의 태도

키워드를 깊이 파고들기

📍 여행을 다녀오면 추출한 키워드를 자세히 분석하면서 기획서에 어떻게 녹일지를 고민해본다. 이때 현상의 이면에 담긴 의미, 인사이트까지 도출할 수 있도록 집중한다. 처음엔 내가 좋아하는 키워드, 필요로 하는 키워드에서 시작했지만, 최종 서비스나 상품은 타인을 향하도록 고민해보는 것이 좋다. 그러려면 키워드 자체에 대한 이해도 필요하지만, 어떤 서비스를 제공해 줄 수 있을지에 대한 검토가 필요하다.

처음부터 어떤 방식으로 추출한 키워드를 녹일지 정하기가 어려울 수 있다. 이럴 땐 나에게 필요한 서비스, 내가 가장 사랑하는 사람들이 필요할 제품을 먼저 떠올린다. 현재 내가 직면한 문제들을 생각해보고 그 문제를 해결할 방법을 고민하며 키워드를 적용해 본다.

사람들이 원하는 것에 맞춘 기획안을 만드는 것은 생각보다 어려울 수 있다. 다른 사람이 이미 만들어 놓은 서비스나 제품을 참고하는 방향으로 힌트를 얻으면 참신함이 떨어질 수 있다. 나를 위해, 내가 사랑하는 사람들을 위해, 제품이나 서비스를 기획한다면 고민거리를 누구보다 잘 알고 있으니 그 문제에 맞춰 솔루션을 줄 수 있다.

나의 관심 주제는 퍼스널 모빌리티였고 실제 스페인 여행을 하면서 거리 곳곳에 흩어져 있는 퍼스널 모빌리티들을 확인한 뒤 현재 내 상황에 적용해 보았다. 그리고 나서 한국에는 과연 퍼스널 모빌리티가 필요한지, 필요하다면 주로 어디에 필요한지, 사람들은 무엇이 불편하기에 퍼스널 모빌리티를 이용하는지 등등 심층적인 질문으로 키워드를 정교화하는 과정을 거쳤다.

연관 없어 보이는 키워드라도 연결해 보는 과정은 무척 중요하다. 소금에 관심이 있어 세계 방방곡곡을 돌아다니며 미네랄 소금, 한방 소금 등을 맛보고 자료를 모았다고 가정해보자. 이 자료를 갖고 어떻게 새로운 서비스를 만들 수 있을까? 요즘 키워드가 개인화라고 하는데 소금과 개인화를 어떻게 연결 지을 수 있을까? 맥코믹스파이스라는 회사는 어울리지 않을 것 같은 키워드를 엮어 재미난 플랫폼을 만들어 화제가 된 적이 있다. '당신만의 소금 제안'이라는 이름으로 각종 요리에 어떤 소금을 넣으면 좋을지 알려주는 서비스를 출시한 것이다. 그 서비스는 요리할 때 조미료를 얼마나 넣으면 감칠맛이 날지 조미료에 대해 궁금한 요리 초보자를 위해 만든 서비스였다.

여행 후 키워드를 분석할 때 가장 중요한 것은 오랫동안 키워드를 붙잡고 있는 것이다. 구슬도 꿰어야 보배라고 아무리 훌륭한 여행을 다녀오고 키워드 정리를 잘 해놓아도 실제 어떤 가치를 줄 수 있을지가 드러나지 않으면 그 기획은 아쉽게 끝난다. 인사이트를 도출하고 사람들에게 가치를 제공하기 위해 키워드를 오랫동안 붙잡으며 자주 질문을 던져보는 과정이 필요하다.

키워드를 심층 분석해 인사이트를 도출하거나 어떤 가치를 제공할지 고민하는 과정에선 여행에서 찾은 정보 외에 방대한 문헌 자료의 도움을 받는 것도 중요하다. 질문에 대한 답변은 두 발로 걸어 다니며 했던 공부로는 한계가 있다. 두 발로 걸어 다니며 바라본 시선은 어디까지나 나의 선택으로 바라본 것들이라 다른 사람들의 시선도 필요하다. 키워드에 맞춰 관련 서적이나 다큐멘터리를 참고하면서 다른 사람들의 관점도 살펴보며 깊게 파고들어야 한다.

당장 내가 사랑하는 사람들의 문제를 어떻게 해결할 수 있을지 도무지 답이 나오지 않는다면 키워드를 잠시 묵혔다가 다시 돌아보는 것도 도움이 된다. 예를 들어 휴식 여행에 관심이 생겨 직접 두 발로 휴식 여행을 다녀오고 휴식 여행이라는 키워드로 자료도 모았지만, 정작 우리 아빠에게 어떤 가치를 제공해야 진짜 괜찮은 휴식 여행인가에 대한 답은 미지수라면 그 키워드는 잠시 덮어 두는 것이다.

그리고 시간이 날 때마다 50대 남성들은 왜 휴식 여행을 떠나려고 하는지를 먼저 묻는다. 정말 쉬려고 떠나는 것인지 다른 이유가 있는 것인지를 생각해본다. 어디가 50대 남성에게 진정한 휴식을 주는 장소인지도 질문한다. 2주, 혹은 한 달에 한 번 모아 놓은 자료를 뒤적거리며 다시 한번 고민을 해본다. 천천히 키워드를 돌아보았을 때 새로운 해석이나 답변을 만들어 나갈 수 있다.

키워드를 통해 인사이트를 도출하고, 어떤 가치를 제공할 것인지에 대한 자신만의 답이 생기면 구체적인 기획안이 나올 수 있다. 개인적인 관심과 더불어 타인의 문제를 고민하는 과정이 진행된다면 재미있는 기획안이 탄생할 확률이 높다. 이런 과정을 건너뛰고 기술 중심으로만 접근하거나 돈이 되는 것에만 집중하면 정작 시장에 나와도 외면받기 쉽다.

기술은 사람을 향해야 한다. 기획자도 사람을 향해야 한다고 생각한다. 오늘도 키워드를 심층적으로 분석하면서 이걸 왜 만드는지, 타인에게 어떤 선물을 줄지 나에게 되물어본다.

전반적인 기획 프로세스

무언가 기획하고 만들어나가는 프로세스는 대체로 동일하다. 크게 기획, 리서치, 콘셉트 도출, 실행, 프로토타입 개발, 검증을 거친다.

1. 기획
프로젝트를 진행하는 목적과 해결하고 싶은 질문을 정의하는 단계이다. 왜 시간과 비용을 들여 해당 프로젝트를 진행해야만 하는지, 꼭 해결해야 할 문제는 무엇인지를 고민해보는 단계이다.

2. 리서치
목적과 방향성이 정해지면 리서치 단계로 넘어간다. 외부 환경을 살펴보는 리서치도 필요하고 내부를 면밀히 살펴보는 자료 조사도 필요하다. 서비스를 사용하려는 대상자와 심층 인터뷰도 진행하고 대상자의 행동을 그대로 모니터링해 보기도 한다. 아울러 현재 할 수 있는 일, 가장 효과적으로 추진할 수 있는 일도 같이 알아본다. 나의 강점을 극대화할 방법을 고민하고 찾아보는 접근도 해본다.

3. 콘셉트 도출
타깃 사용자에 대한 충분한 이해를 기반으로 여러 아이디어를 도출한다. 이 땐 무조건 양부터 채우자는 목표로 서비스 하나당 100개 이상의 수많은 아이디어를 제안한다. 이렇게 쌓인 아이디어를 기반으로 비슷한 형태의 아이디어를 그룹핑하고 다시 다른 그룹과 연관 지어 묶어보거나 심화 발전시켜본다. 도출된 콘셉트에 대해 전혀 모르는 일반 사람에게 투표하거나 전문가 인터뷰를 통해 우선순위를 정한다.

4. 실행
콘셉트를 만든 뒤 가시화해 본다. 서비스를 테스트하기 위해 생각한 서비스에 디자인을 입혀 실제 서비스와 유사한 형태로 만든다. 사람들에게 사업화될 모습을 미리 보여주며 해당 서비스에 대한 테스트를 해보고 반응을 살핀다. 이 단계에서는 다양한 사람의 피드백을 수집하여 빠르게 반영 및 보완해 나가는 것이 중요하다.

기획 대상이나 처리 기간, 구성원들의 성향에 따라 기획 단계가 더 간단해질 수도 있고 복잡해질 수도 있다. 무언가 만들어가는 일에 공식이 있는 것도 아니고 무조건 위 단계를 따라야 하는 것도 아니다. 참고삼아 큰 틀만 공유했다. 기획하고자 하는 대상과 현재 상황에 맞춰 얼마든지 단계를 늘리거나 줄이면서 효율적인 방법을 찾아 나갈 필요가 있다.

반드시 아웃풋을 남긴다

한 장소를 한 번 여행한 사람과 열 번 여행한 사람 중에 누가 더 오랫동안 여행지를 기억하고 있을까? 당연히 횟수로 열 번 여행한 사람이 추억이 많겠다고 생각할 수 있지만 내 경우 한 번이나 열 번이나 시간이 지나면 기억이 흐릿해지긴 마찬가지다. 여행에 대한 잔상을 오랫동안 남기려면 여행을 자주 떠나는 것도 중요하지만 그보다 아웃풋을 남기는 것이 더 중요하다. 무엇을 보았고 어떤 감정을 느꼈는지 자주 생각하게 되는 여행일수록 더욱 또렷하게 기억에 남는다.

여행뿐만 아니라 어떤 상품, 서비스에 대해서도 마찬가지다.

1년에 한 번 모터쇼 관련 정보를 들여다보나, 10년 동안 열 번 모터쇼 관련 정보를 들여다보나, 받아들이는 정보의 양은 별반 차이가 없다. 모터쇼에 대한 지식은 남들이 작성한 기사보다 내가 직접 보고서를 만들 때 훨씬 오랫동안 기억에 남는다. 아예 직접 모터쇼 현장에 투입이 되어 곳곳을 눈으로 귀로 담은 다음 보고서를 만들어 임원진 앞에서 발표를 하게 된다면 긴장되고 부담스러운 만큼 모터쇼에 대한 지식도 축적되고 현황에 대한 생각도 많이 해보게 된다.

이처럼 많이 보고 경험하는 것만큼이나 중요한 것이 직접 나만의 관점으로 아웃풋을 생산하는 것이다. 여행을 떠나면 여행지에서 자연스럽게 새로운 정보를 습득하고 이질적인 문화를 경험해볼 수 있지만 다녀온 뒤 따로 시간을 들이지 않으면 아웃풋을 만들어두기가 어렵다. 하지만 무언가 만들어 내는 기획자라면 키워드를 넓고 깊게 다루기 위해 아웃풋 관리에 특히 신경을 써야 나중에 기획하려는 무언가에 빠르게 적용하며 고민해 볼 수 있다.

아웃풋은 생각을 담은 모든 것이 될 수 있다. 몸으로 표현하는 것이 수월하다면 춤추는 것도 아웃풋이 될 수 있고 누군가에게 그 당시의 상황을 말하거나 글로 표현한 것 모두가 아웃풋이 된다. 가장 익숙한 도구를 선택해 자기 생각을 포함하여 표현을 해주면 그것으로 충분하다. 요즘엔 워낙 SNS도 활발하고 아웃풋을 도와주는 앱 서비스도 잘 개발되어 있어 약간의 시간만 투자한다면 여행의 단상을 다양한 서비스에 남겨 볼 수 있다.

나는 어렸을 적부터 부모님과 새로운 장소를 찾아 떠나곤 했지만, 기억 속에 박제된 여행은 여름방학 숙제로 정리했던 여행지들뿐이다. 그 이후로 더 많은 여행지를 자유롭게 다녔어도 아웃풋을 남기지 않은 여행지는 기억 속에서 잊힌 지 오래다.

여행을 다녀온 뒤 아웃풋을 만들지 않으면 기억이 희미해지는 경험을 몇 번 한 뒤 여행을 다녀오고 나서 일단 무엇이든 쓰고 본다. 기획하려고 했던 주제에 따라 사진과 영상을 분류하여 해당 키워드별로 글을 써 내려가는 형태로 빨리 아웃풋을 만든다. 필요한 게 독일 사람들의 자동차 공유 서비스라면 사람들이 차를 빌려서 이용하고 반납하는 사진을 다시 재배치하거나 카탈로그를 모아 해당 자료를 기반으로 무엇을 보았고 어떤 생각을 했었는지 아웃풋을 분류하는 방식이다.

하지만 10년 동안 기획서만 써온 나조차 때때로 쓰는 행위가 부담스러울 때가 많다. 잘 쓰고 싶다는 욕심이 생기면 더욱 부담스러울 수 있다. 때론 아무리 내가 썼지만 '너무 쓰레기 같은 글이잖아!'라는 생각이 들 때도 있지만 지우기 버튼을 누르지 않고 나중에 고치자는 심보로 계속 글을 써 내려간다. 쓰레기 같은 한 단어가 어느새 한 줄이 되고 다시 한 단락이 될 때 아주 가끔 괜찮은 생각이 되기도 한다. 띄어쓰기, 맞춤법도 엉망이지만 수정할 수 있으니 우선 생각을 옮기는 데 집중을 한다.

그래도 마음이 안 잡힌다면 타이머로 3분을 설정해놓는다. 3분간 내가 여행에서 했던 생각을 쏟아 놓겠다고 작정하고 글을 쓰기 시작한다. 스페인 디자인을 주제로 딱 3분 동안 내 생각을 정리하는 것이다. 3분이면 그렇게 부담스럽지 않으면서 오히려 너무 짧지 않나, 라는 생각이 들 정도이다.

하지만 막상 3분만 쓰겠다고 생각하고 이번 여행에서 어디를 다녀왔고, 무엇을 보았고 어떤 생각이 들었는지 쓰다 보면 나도 모르게 하고 싶은 말이 많아져 30분 이상 자리에 앉아 여행지에 대한 단상을 남기게 된다.

아웃풋을 꺼내기 전에는 막연히 디자인이 좋았다는 정도만 생각했다면 막상 아웃풋을 만들기 시작했을 땐 좀 더 구체적으로 왜 좋았는지 무엇을 보고 좋다는 생각을 하게 되었는지 떠올릴 수 있어 더 구체적인 생각을 정리할 수 있다.

말하기 역시 중요한 아웃풋 중 하나이다. 말하기로 아웃풋을 남길 땐 재미있는 사건과 내가 느낀 감정 위주로 짧게 정리를 하여 핵심을 이야기하려고 노력하는 편이다. 단순 정보를 나열하는 아웃풋들은 재미가 없다. 어떤 감정이었는지, 무슨 일을 겪었는지, 어떤 생각이었는지를 함께 덧붙이면서 생각이 견고해지고 내용이 채집되고 소중한 순간이 축적될 수 있다. 여행길에 먹었던 음식에 대한 추억, 음식점 주인의 말 한마디는 인생을 살면서 귀중한 지혜가 될 수도 있다.

기억 속에서 잊히는 한 조각이 될지 오랫동안 간직할 수 있는 추억이 될지는 끊임없이 아웃풋을 생산하며 스스로 재해석했는지에 따라 달라진다. 여행하면서 들었던 생각이나 질문은 또 다른 기획으로 연결될 가능성이 크다. 오늘도 새로운 장소를 다녀온 뒤 한 줄을 적어본다. 나는 왜 기뻤는지 어떤 서비스가 만족스러웠는지 적으면서 언젠가 활용될 기획의 씨앗을 모으고 있다.

아웃풋을 효과적이게 만들어주는 도구들

아웃풋을 효과적으로 만들기 위해선 다양한 사진 자료, 영상 자료와 같이 기억을 떠올릴 만한 보조 자료가 필요하다. 때론 하나의 보조 자료로 희미해진 기억이 다시 소환되기도 하고 뚜렷해지기도 한다. 여행하면서 무수한 보조 자료를 수집하게 될 텐데 효과적인 아웃풋을 만들 수 있게 도와주는 도구들을 소개한다.

1. 구글 포토
알고 싶은 서비스를 집중적으로 취재하기 위해 여행을 떠난다면 하루 평균 1,200여 장 정도 사진을 촬영한다. 일주일에서 10일 정도 여행을 떠나면 만 장이 넘는 사진 데이터가 쌓인다. 그중에서 내가 필요한 키워드와 관련된 사진만 뽑아서 보고 싶을 때 구글 포토를 활용한다. 키워드 검색을 하면 해당 키워드 사진만 도출되어 특정 키워드별 아웃풋을 만들 때 무척 유용하다. 사람 얼굴 검색도 가능하고 장소나 날짜별 검색도 가능하다. 필요한 사진만 선택할 수 있어 요긴하게 사용하는 편이다.

2. 구글 지도
꽤 오랜 기간 여행을 할 때면 언제 어디에 들렀는지 도무지 기억나지 않을 때가 있다. 혹은 정리는 해놓았지만 정리했던 문서들을 갖고 오지 않았을 경우 구글 지도를 꽤 유용하게 활용할 수 있다. 이동 동선 데이터 수집에 동의를 하면 내가 이동한 장소를 동선대로 수집을 해준다. 사진까지 연동되어 해당 동선에서 어떤 사진을 찍었는지도 살펴볼 수 있어 유용하다.

3. 전화, 카카오톡 목록

사람은 누구나 기억에 남을 만한 무언가를 경험했을 때 타인과 공유하려는 경향이 있다. 여행하면서 가족이나 친구에게 전달한 사진이나 메시지를 통해 무엇이 인상적이었는지를 다시 한번 생각해 볼 수 있다. 왜 그때 전화를 했는지, 어떤 메시지를 보냈는지, 생각하는 사이 이미 여행지의 상황이 머릿속에 그려져 보다 쉽게 아웃풋을 낼 수 있다.

이것을 반복해서 하면 자신만의 방법이 계속 쌓여 나갈 것이다. 누군가에게는 손으로 만질 수 있는 브로슈어나 책자로 아웃풋을 만드는 게 더 쉬울 수 있고 누군가에게는 자연스럽게 수집된 데이터를 통해 인사이트를 발견하는 게 더 쉬울 수 있다. 각자가 익숙한 방식을 취사선택하여 자주 아웃풋을 만들어가는 연습을 해보면 여행의 기억도 오랫동안 남고 기획을 위한 영감도 얻을 수 있을 것이다.

4. 녹음기

이동하면서 여행지 풍경을 메모하기는 어렵다. 이럴 땐 전화하듯 녹음기를 켜고 말을 하면서 여행지에서 어떤 사건이 벌어졌는지 메모를 남긴다. 현장의 생생한 소리까지 수집이 된다면 시간이 한참 지나도 그때 풍경을 떠올리는 데 도움이 된다.

어떤 비판에도 나아간다

📍 UX를 전공해서 입사하자마자 UX 관련 업무를 할 줄 알았지만 주어진 업무는 기술 기획 업무였다. 팀을 변경해야 할까, 회사를 바꿔야 할까, 한동안 고민을 했다. 이런 고민이 보였는지 늘 많이 가르쳐주셨던 과장님께서 지금의 팀에 내가 기여할 방법을 함께 고민해주시고 많은 조언을 해주셨다. 그러던 와중에 가장 잘할 수 있는 업무로 사람들을 설득해보라며 어떤 프로젝트 하나를 소개해 주셨다. 과장님의 배려 덕분에 다른 팀에 있는 개발자 4명과 인턴사원과 함께 프로젝트를 맡았다.

작은 아이디어로 시작된 프로젝트는 생각보다 흥미로웠고

함께 작업하는 분들과의 호흡도 잘 맞아 머릿속에 온통 프로젝트 생각으로 가득 찰 정도로 집중을 했던 기억이 난다. 의욕이 무척 충만해서 휴일이나 명절도 반납한 채 프로젝트에 몰입했다. 가끔은 머리가 지끈거릴 정도로 아팠지만, 그래도 내가 학교에서 배운 내용을 최대한 녹여낼 수 있다는 생각으로 재미있게 기획을 했던 기억이 난다.

그렇게 일주일간 기획서를 탄탄히 준비하며 의기양양하게 발표를 하면 사람들이 모두 놀랄 것이라는 기대를 했다. 하지만 내 기대와는 달리 막상 기획한 내용을 발표하니 고민했던 시간이 무색할 정도로 거센 비판을 받았다. 솔루션을 발굴하는 데까지 오래 고민했지만, 평가가 받아들이기 힘들 만큼 냉정할 수 있다는 걸 처음으로 느꼈다.

너무 오랜 시간 공들인 기획이라서 마음이 아팠지만, 서비스의 문제점이라고 지적받은 것들을 마냥 무시할 순 없었다. 다만 사람마다 생각하는 관점이 달라 기획을 할 때마다 상반된 관점으로 비판을 받았고 초기의 기획이 점점 미궁으로 빠지는 느낌이었다.

"쓰레기 같은 기획인데요?" 나를 가장 피곤하게 만드는 상황은 해결하려는 대화보다는 개인적 평가가 섞인 비난을 해올 때였다. 이럴 때면 내가 재능이 없는 것인지 자괴감이 들기도 했지만 그렇다고 거기서 멈출 수는 없는 노릇이었다. 다정하게 웃으며 해결책을 제시하는 사람들은 아무도 없었지만 쉽게 문제점을 찾는 목소리는 널려 있는 가운데 내가 할 수 있는 건 내 평정심을 붙잡고 있는 것이었다. 그것밖엔 별다른 수가 없었다. 지금까지 고민한 것이 맞는지 의심을 하면서 다른 사람들의 비판을 생각해보되 초기의 방향이 맞는지 다시 한번 점검을 하며 원점부터 고민을 시작했던 기억이 난다.

당시에 만들었던 기획안이 정말 쓰레기였는지 아닌지 기억은 나지 않는다. 세상 어떠한 기획안도 만장일치로 통과되는 경우는 드물기에 쓰레기든 좋은 기획안이든 중요한 건 다시 보완하고 들여다볼 수 있는 마음이라고 생각했다. 애착이 있는 기획일수록 타인의 평가에 상처를 받기가 쉽지만, 그 비판을 너무 마음속에 담아두고 나아가지 못하면 그 기획안은 그대로 사장되기가 쉽다.

'뭐 어때서. 점점 보완해 나가면 되지.' 더 나아지고 있다는 생각으로 보완하면 점점 기획안은 나아지기 마련이다. 비판했던 사람들도 동참시켜 솔루션을 제안해보라고 하면 가끔 꼭 필요한 의견을 제시할 때가 종종 있다. 불평꾼과 비판자 역시 프로젝트에 함께할 수 있도록 만들면 기획안에 도움이 될 수 있다. 그러니 다른 사람들의 비판을 너무 가슴속에 담아두지 않고 지나가는 과정으로 생각하는 것이 편하다. 누가 뭐라 해도 가장 오랫동안 기획안에 대해 고민했던 사람은 나 자신이고 함께 기획을 만들기 위해 노력했던 사람들이기 때문이다.

이런 경험을 돌이켜보면 성공적인 기획안은 단순히 초기의 열정이나 즉흥적이고 괜찮은 아이디어로 바로 만들어지는 것도 아니다. 그보다 중요한 것은 끝없는 비판과 어려움 속에서 일관되고 지속적인 자세로 프로젝트를 계속 들여다보며 빚어 나갈 수 있는 끈기다. 하나의 기획이 끊임없는 비판 속에서 지치지 않고 보완되고 버텨나가며 일관성 있는 한 걸음을 뗄 때 비로소 마지막 여정인 실현에 다다르게 된다.

일관성 있는 마음으로 기획을 하긴 쉽지 않지만 그런 태도로 기획을 하겠다고 결심하고 기획안을 들여다보면 주어지는 선물이 많다. 먼저 전문성도 쌓이고 콘텐츠의 양도 쌓인다. 내가 기획한 것은 반드시 책임을 지겠다는 생각으로 어떤 비판에도 계속 보완해 나가면 결국 해당 분야에 대해선 지식과 콘텐츠가 쌓이면서 점점 기획의 완성도가 올라가게 된다.

    기획안뿐만 아니라 개인의 전문성 역시 함께 얻게 된다. 무엇보다 프로젝트가 성숙해가며 다른 사람들의 생각과 행동에 영향을 미치기 시작한다. 기획자는 사람들의 생각을 리딩하는 사람이다. 일관되고 지속적인 자세로 기획을 조금씩 보완해 나갈 때 사람들 마음은 움직이기 시작한다.

기획서 잘 쓰는 법

생소한 분야의 기획을 해야 하거나 급하게 기획서를 만들어야 할 때 어디서부터 어떻게 시작해야 할지 난감할 때가 많다. 이럴 땐 어떻게 해야 할까?

1. 잘 쓴 기획서 베껴 쓰기

잘 쓰인 타인의 샘플 한두 개를 확보한 뒤 따라 쓰면서 빠르게 감을 익힌다. 담긴 내용 모두를 이해할 순 없겠지만 최소한 기획서의 구성이나 전달을 하는 데 필요한 핵심 키워드는 익힐 수 있다. 이런 방법은 내가 글쓰기를 할 때 자주 사용하는 방법이다. 글을 잘 쓰려고 하면 할수록 글쓰기가 버겁다. 그럴 때면 평소 존경하는 작가의 책이나 좋아하는 여행기를 필사해본다. 필사하다 보면 눈으로만 받아들인 정보를 단어 하나하나에 집중하면서 받아들이게 된다. 반복해서 외우다시피 따라 써보면 어느 순간 자연스럽게 실력이 쌓이는 것을 느낄 수 있다.

잘 쓴 기획서나 자료를 찾을 수 있는 곳은 다양하다. 회사 내 사내 공유 폴더가 있다면 공유하는 문서 중 쉽게 이해되는 샘플을 찾아 확인해 보는 방법이 있다. 각자가 생각하는 잘 쓴 기획서의 기준이 모두 다르지만, 누구나 쉽게 이해할 수 있도록 쓰인 문서라면 무엇이든 상관없다. 그 문서 자체가 선생님이라고 생각하고 백지에다 그대로 옮겨 본다.

2. 닮고 싶은 사람의 문서 바꿔 쓰기

만약 닮고 싶은 사람이 있다면 그 사람이 쓴 문서를 모두 수집해서 그대로 따라 써보는 것도 큰 도움이 된다. 기획서를 어떻게 써야 할지 막막했을 때 내게 많은 가르침을 주셨던 분들의 기획서를 한두 장만 보더라도 누가 썼는지 파악할 정도로 따라 써보았던 기억이 난다.

만약 사내에 참고할 만한 기획서가 없다면 구글 검색으로 스타트업 피칭 문서들을 참고한다. 관심 있는 기업의 브랜드명과 피치덱(Pitch deck)을 검색하면 투자를 받기 위해 어떻게 설득을 하고 서비스를 기획해 나갔는지 확인해 볼 수 있다. 많은 자료를 찾는 것보단 마음에 드는 자료 한두 개를 붙잡고, 나라면 어떻게 수정할 수 있을지 생각해 보는 것이 가장 단시간에 기획서의 질을 높이는 노하우다.

의욕이 없을 때는 내려놓기

가장 행복한 시간이 언제냐고 묻는다면 당연히 여행하는 시간이라고 대답을 한다. 여행은 언제 떠나도 흥미롭고 자유롭다. 예측할 수 없는 상황을 마주하게 되면 내가 살아있다는 것을 느끼기도 하고 뜻밖의 사람들을 만나면서 감명을 받기도 한다. 잠깐의 강렬했던 여행을 통해 생각의 폭이 더 넓어지기도 한다. 하지만 아주 가끔은 지칠 때가 온다.

한번은 라오스를 여행하다가 계속 걷는 게 힘들어 자전거를 빌리러 갔다. 자전거 대여점 아저씨는 자전거를 탈 줄 알면 오토바이도 탈 수 있다고 차라리 오토바이를 타라고 추천하셨다.

태어나서 한 번도 타본 적이 없는 오토바이라 무서웠지만, 언덕 길을 올라갈 때 아무래도 자전거보단 수월할 것 같아 얼떨결에 오토바이를 빌리게 되었다. 아저씨 말씀처럼 천천히 달리고 보니 대충 오토바이 조작 방법이 익숙해졌다.

하지만 이내 커브 길이 나오면서 순간적으로 나무 기둥에 쾅 부딪혀 오토바이와 함께 쓰러지게 되었다. 다행히 헬멧과 무릎 보호대 등 여러 안전장치를 한 채 오토바이를 타서 큰 부상은 없었지만, 왼쪽 다리가 퉁퉁 부어 도저히 걸을 수가 없었다. 그렇게 혼자 낯선 땅에서 말도 안 통하는 사람들에게 도와달라고 외쳐야 했을 땐 여행의 순간이 그저 아름답게만 보이진 않았다.

아주 좋아하는 일조차 싫증나는 시간이 찾아온다. 인간이란 가장 편안하고 익숙한 시간에 길들여 있기에 낯설고 불편한 시간이 찾아오면 어디론가 숨어버리고 싶다. 예기치 못한 사고를 당하거나, 어떤 일을 시작했는데 집중이 안 될 때면 마냥 쉬고만 싶다는 생각이 슬며시 고개를 든다. 잡념이 머리를 떠나지 않으면 잠시 생각을 비우는 방향을 선택한다. 만사가 귀찮고 하기 싫으면 아무것도 안 하고 쉬는 것이다.

우리는 로봇이 아니라 인간이고 기획을 하는 사람이니까 무조건 일을 몰아붙여 추진하기 전에 상황에 맞춰 잠시 숨을 돌릴 필요가 있다. 다만 나중에 돌아갈 자리만 남겨 놓은 채 쉬는 시간을 선택한다. 서비스의 방향을 고민하고 경쟁 현황을 살펴봐야 하는데 계속 잡념이 떠오른다면 내가 쉴 수 있는 장소에 가서 다른 사람들이 작업했던 기획서를 살펴보는 식이다. 기획서를 써야 하는데 잘 풀리지 않는다면 친구나 남편을 붙잡고 수다를 떨어도 좋다. 실컷 수다를 떨다가 화제가 떨어질 때 즈음 원래 해야 하는 기획 이야기를 슬며시 꺼내본다. 애써 내가 생각하려 하지 않고 상대방의 의견을 들어보는 것이다.

"이런 서비스를 하나 시작하려고 하는데 어떻게 생각해? 이런 게 정말 불편해?" 소파에 누워 포테토칩을 먹으며 가볍게 이야기를 해보는 것이다. 비록 자리에 앉아 제대로 된 기획서를 쓰고 있지 않지만 아주 짧게 대화를 해도 기획안과 연결이 되어 다시 기획할 때 돌아갈 수 있는 자리를 만들어 놓고 있는 셈이다. 이렇게 가볍지만, 기획과 연결이 될 수 있는 지점을 만들어 놓으면서 휴식을 취한다면 기획의 흐름이 끊기지 않는다.

아무리 좋아하는 일, 원하는 업무를 해도 막상 본격적으로 시작하면 현실에 부딪힌다거나 어려운 점이 반드시 찾아온다. 무례한 사람 때문이든 복잡하게 꼬인 일 때문이든 어떻게든 불쾌한 상황은 마주치기 마련이다. 이런 상황들로 지쳐있다면 온몸으로 맞서 대응을 하기보단 가끔은 피하는 것도 필요하다. 너무 귀찮고 생각하고 싶지 않을 정도로 지쳤다면 과감히 자리를 피하고 생산적으로 휴식을 취하는 것이다.

반드시 책상에 앉아 치열하게 고민을 해야만 훌륭한 기획이 나온다고 생각하지 않는다. 나의 상황에 맞춰 몸이 원할 때 적절히 휴식을 취하고, 필요할 때 적절히 고민하며, 완급을 조절할 때 탄탄한 기획안이 나올 수 있다고 생각한다. 의욕이 한풀 꺾일 때면 내가 기계가 아니라는 점을 다시 한번 생각하며 재충전을 한다. 내키지 않으면 기획하려는 방향은 계속 유지하되 느슨한 마음으로 휴식을 취하는 것이다.

언제든 다시 기획자로 돌아올 수만 있다면 어떤 휴식이든 상관없다. 희미한 감각은 계속 유지하며 마음 가는 대로 움직이되, 하고자 하는 것을 잊지만 않는다면 그걸로 충분하다. 기획은 생각을 움직이는 과정이고 생각을 이끄는 과정이기도 하다.

하기 싫은데 억지로 만들어 간 기획안은 나조차 설득이 되지 않아 다 만들어 놓고도 왜 만들었는지 의문이 들 수 있다. 오히려 마음 내키는 순간 그동안 희미하게 부여잡은 끈으로 얻은 생각이나 인사이트를 녹여서 다른 사람에게 도움을 주는 무언가를 만들 수 있다면 시간은 오래 걸릴지언정 오히려 가장 나다운 기획안이나 의외로 괜찮은 기획안을 만들 수 있을 것이다.

제대로 된 타이밍을 노린다

아무리 매력적인 상품, 서비스라 할지라도 출시 시기를 잘못 잡아 역사의 뒤안길로 사라지는 것들이 너무나 많다. 시가 총액 7조 원의 비디오 대여점 블록버스터가 적절한 타이밍에 온라인 서비스를 하지 못해 파산 신청을 한 예부터 스마트폰에 대비하지 못해 막대한 손해를 입은 회사까지 말이다. 이렇게 출시 시기는 일의 성패에 큰 영향을 끼칠 정도로 중요하지만, 전략 없이 상품을 출시하거나 출시 시기를 계속 미루다 되는 대로 출시해 시장의 외면을 받는 경우가 허다하다.

공들여 만든 상품이라도 시장 출시 시기를 잘못 판단하면 저조한 반응을 얻을 수 있다. 그러면 기획한 사람뿐만 아니라 직접 생산한 사람들까지 모두 힘이 빠져 의욕을 잃을 수 있다. 그래서 상품에 정성을 쏟은 만큼 시장의 출시 시기도 예민하게 생각할 필요가 있다. 막상 현실에선 반영하기가 여간 어려운 게 아니지만 말이다.

고마우신 선생님 덕분에 몇몇 작가와 공동 전시를 진행할 때였다. 이미 업계에서 유명하신 분들을 직접 만나 뵙고 함께 전시를 준비해 나갈 생각을 하니 무척 설렜다. 우리는 그해 5월부터 2주에 한 번씩 만나면서 전시 방향성을 고민했다. 8월 말부터 9월 초에 전시가 진행될 예정이라 미리 서둘러 전시 콘셉트와 색상, 구도 등을 논의해 나갔다. 그동안 했던 IT 제품의 서비스 기획이 아니어서인지 과정이 색달라 주말마다 즐겁게 참여를 했던 기억이 난다. 다들 의욕이 충만해서 직접 페인트칠도 하고 구도도 잡으면서 멋진 전시 경험을 제공하려고 노력했다.

약 9년 전부터 그림을 그리면서 크고 작은 전시 경험을 쌓아 갔지만 직접 페인트 칠을 하고 입간판을 만들면서 준비를 한 적은 이때가 처음이었다. 그만큼 전시에 대한 애정이 깊었던 것 같다. 전시를 시작하기 약 한 달 전부터 전시에 필요한 포스터와

엽서, 스티커 수백 장을 프린트했다.

그렇게 전시 일정이 다가오는 가운데 갑자기 코로나 바이러스로 인해 수백 명의 사람이 무더기로 집단 감염에 걸리게 되었다. 전시를 준비할 때엔 그나마 잠잠해지고 있었는데 순식간에 바이러스가 번진 것이다. 오래 준비를 했던 전시를 예정대로 해야 할지 말아야 할지 고민이 되었다. 엎친 데 덮친 격으로 태풍까지 온다고 하니 더욱 심란했다.

하지만 전시를 뒤로 미룰 수 없어 그대로 진행하는 수밖에 도리가 없었다. 예상대로 준비한 시간에 비해 전시장을 찾은 사람이 그리 많지는 않았다. 이렇게 예상치 못한 변수로 상품의 출시 시기가 바뀔 수도 있으므로 기획안이 도출되면 플랜 B를 만들어 놓는 것이 필요하다. 코로나 바이러스가 범람할지 아무도 예측하지 못하여 전시를 성공적으로 선보이지는 못했지만 플랜 B로 SNS에서 수많은 영상과 사진 자료를 노출해 실시간으로 보여주는 방안을 급히 마련했던 기억이 난다. 완벽한 출시 시기를 점쟁이처럼 예측하기란 어렵지만 불확실한 상황에 미리 대응할 수 있는 시나리오는 얼마든지 사전에 준비할 수 있다.

코로나 바이러스가 전 세계를 강타하면서 공유 대신 다시 안

전하면서도 개인적인 소유가 주목을 받고 있다. 이렇게 시기에 따라 트렌드는 계속 변화하고 어떤 변수가 있을지, 어떤 트렌드가 얼마나 지속될지, 아무도 예측할 수 없다. 하지만 인간이 느끼는 보편적 가치들은 쉽게 변화하지 않는다. 보편적인 가치에 집중하되 시기를 예민하게 보면서 상품을 출시한다면 타임 투 마켓에 적중할 가능성이 크다. 상품만 좋으면 출시 시기야 언제든 상관없다고 생각하다간 애써 만든 기획 아이템이 시장에서 매장될 수 있다.

오래 사랑받는 상품은 결국 보편적인 가치와 시의성이 적절하게 조화를 이룬 상품들이 아닐까 생각한다. 사람들이 필요로 하지 않는 시기에는 시장에 상품을 내놓지 않는 결단도 필요할 수 있다. 시장에 내놓는다는 건 달리 말하면 비용과 노력을 들인다는 의미이기 때문이다. 만약 현실적으로 그런 결단이 어렵다면 기획자는 또다시 플랜 B를 고민해 출혈을 최소화할 방안을 고민해야 한다고 생각한다.

이득보다 가치를 추구한다

📍 사람들에게 사랑받는 기획안은 정보를 주거나 재미를 준다. 두 가지가 적절하게 섞여 있으면 폭발적인 반응을 만들 수 있다. 하나라도 제대로 담겨있어도 사람들이 반응하기 시작한다. 그러니 딱 두 가지 잣대 '정보를 주고 있는가? 그게 아니라면 지금 재미를 주고 있는가?'에 집중하여 기획안을 바라볼 필요가 있다.

먼저 정보를 보자. 살아가면서 필요한 지식이면 아무리 사소한 것이라도 정보다. 당장 요리를 해야 하는데 할 줄 아는 요리가 없다면 가장 간편하면서도 쉬운 요리 정보를 제공해주는 콘텐츠가 필요할 것이다. 기획자인데 도무지 기획서를 어떻게 써야 할지 모르겠다면 다른 기획자의 경험담이나 미리 만든 참고자료가 도움이 될 수 있다. 좀 더 넓게 바라본다면 단순히 지식뿐만 아니라 인생을 살면서 필요한 지혜까지도 정보에 포함된다.

기준 없이 기획한다면 자기만족에 그치는 기획이 되고 만다. "우리 회사에 이득이 되는 것은 뭐지?" "어떻게 하면 고객 수를 많이 확보하지?" 경영층이나 의사결정자들이 매출에만 관심을 기울이다 보면 최종 기획안을 사용하는 고객이란 존재가 희미해진다. 그리고 회사 매출을 올리기 위해서, 신제품을 잘 팔기 위해서 같은 방향으로 기획안을 억지로 짜 맞추게 된다. 우리가 흔히 사용하는 SNS 역시도 마찬가지 맥락이다.

만약 SNS를 개인 브랜딩 목표로 활용한다면 어떻게 팔로워 수를 늘릴 수 있는지로 접근하기보단 내 SNS에는 어떤 정보가 있는지, 재미있는 내용은 있는지, 자문하는 게 필요하다. 개인적인 소소한 일상을 담을 목적으로 SNS를 사용한다면 취향에 따라 자유롭게 활용할 수 있겠지만 다른 사람들에게도 영향을 줄 수 있는 SNS를 원한다면 다르게 접근하는 것이 중요하다. 살면서 만들어지는 모든 기획안을 사람으로 치환한다면 나 위주의 이기적인 모습을 하고 있는 기획안, 다른 사람 위주의 이타적인 모습을 하고 있는 기획안이 있을 것이다.

　때로는 기획안에 대한 다른 사람의 의견을 빌린다. 간단한 콘셉트만 이야기하고 돈을 주고 살 것인지를 물어보는 것이다. 물론 시제품을 보고 판단하는 것과 시제품이 나오지도 않은 것을 콘셉트만 보고 판단하는 것에는 큰 차이가 있겠지만, 간단한 콘셉트를 말했을 때 '나라면 살 것 같다.', '빨리 나왔으면 좋겠다.' 등의 이야기가 나온다면 사람들의 간지러운 부분을 긁어주는 기획인 셈이다. 사람들 의견을 들을 때 중요한 점은 좋다는 정도가 아니라 직접 돈을 주고 살 것이라는 대답을 해야 긍정적이라는 점이다. 기꺼이 개인의 돈을 투자해서라도 사겠다는 대답이 하나라도 생겼을 때 비로소 기획안의 우선순위를 만들어 선택과 집중을 할 수 있다.

　물론 돈을 벌 수 있도록 비즈니스 모델을 구체화하는 것도 중요하고 경영에 이득이 되는 방향으로 고민하는 것도 무척 중요하다. 하지만 근본적으로 기획하는 제품이나 서비스를 고객의 시선으로 계속 점검하며 눈높이를 맞춰나가야 외면받지 않고 끝까지 살아남을 수 있다. 아무리 훌륭한 비즈니스 모델이라도 정작 아무도 사용하지 않는다면 소용없는 일이다. 그러니 먼저 최종 고객에게 주는 가치를 확실히 만들어 내야 한다.

기획자는 기획안에 좀 더 이타적인 시선이 담기도록 계속 들여다볼 필요가 있다. 기획안 안에 정보가 충분히 들어있는지, 지루하지 않고 재밌는지, 웃게 만들 수 있는지를 생각해보자. 사람들에게 단 하나라도 도움되는 내용이 있는지 계속 묻고 생각해보자.

기획한 무언가가 누군가에게 도움을 주고 사람들과 교감을 한다면 사람들은 그 기획안의 팬이 되고, 떠나지 않을 것이다. 시대가 변해도 살아남는 기획안은 결국 시간이 지나도 변치 않는 가치를 제공하는 것들이다.

설득할 대상을 고려한다

📍 나는 의사결정자들을 설득시키고 최종적으론 고객을 설득하기 위해 생각하고 있는 기획안에 예쁜 옷을 입혀본다. 예쁜 옷은 사람들을 머리로도 가슴으로도 공감하게 한다. 단편적인 지식만 나열하면 기획안의 논리가 납득되지 않고 논점도 흐려진다. 그럴 땐 한 편의 스토리를 만들어 사람들이 차근차근 기획안에 빠져들도록 준비하는 것이 필요하다.

기획안에 스토리를 입히기 전에 한두 줄 정도로 무엇을 기획하고 싶고 왜 하고 싶은지 적어본다. 간단히 한두 줄로 요약해 작성하는 이유는 일관성 있는 스토리를 만들기 위해서다. 먼저 정리를 하지 않고 바로 기획서 작성을 시작하면 그때그때 상황에 휘둘려 일관성 있는 이야기가 나올 수 없다.

때론 짧게 한두 줄로 설명이 어려울 수 있다. 한두 줄 글로 표현하는 데 한계를 느낀다면 종이를 꺼내 생각하는 서비스를 그려 본다. 이렇게 필요한 자료들이 완성되었으면 스토리의 기본 구성은 짜인 셈이다. 그런 다음 스토리를 더욱 탄탄하게 구조화하기 위해 순서도를 그려 본다. 나 같은 경우 순서도를 그릴 때 보통 포스트잇을 활용한다. 하나의 포스트잇에 주로 한 가지 키워드만 담으려고 노력한다.

예를 들어 여행의 추억을 간편하게 저장할 수 있는 기록 앱을 기획한다고 했을 때 1번 포스트잇에는 요즘 여행 트렌드라고 적고 2번 포스트잇에는 사람들이 겪는 문제점을 써보는 것이다. 만약 두 포스트잇 사이에 흐름이 갑자기 끊긴 느낌이라면 부드럽게 연결할 수 있도록 여행하는 사람들의 인터뷰 결과 같은 자료도 포스트잇에 적어 넣어본다.

이렇게 포스트잇을 붙였다 떼었다 하며 논리적으로 흐름이 맞는지, 스토리가 잘 이어지는지 확인해본다. 스토리를 기반으로 1차로 설득할 대상을 고려하여 구성하면 된다. 만약 1차로 설득할 대상이 회사의 임원이라면 임원들이 자주 보는 기획 보고서 중심으로 구성을 하고 가족이라면 가족과 자주 접하는 대화 방식으로 구성을 해본다. 이땐 철저하게 대상의 눈높이에 따라 맞춤형 형식을 따르는 것을 철칙으로 한다.

스토리를 더하는 작업은 단순히 보고서를 예쁘게 만들거나 화려한 기술을 써서 이야기하는 차원이 아니다. 대개 스토리 라인이 안 맞다는 피드백이 오면 공감이 전혀 안 됐다는 소리를 들은 거나 마찬가지다. 그럴 땐 스토리의 논리가 맞는지 근본적으로 점검을 하고 빠르게 보완해야 한다.

전달하는 내용도 있고 왜 필요한지, 왜 만들려고 하는지, 무엇을 하려고 하는지도 명확하지만 듣는 대상의 눈높이에 맞추지 못해 고민한 만큼 내용을 담지 못한 경우도 종종 마주한다. 콘텐츠가 중요하지 전달은 덜 중요하다는 생각으로 접근할수록 그런 오류를 범하기 쉽다.

내가 기획을 시작한 초창기에는 '내용 자체가 중요하지 문장의 조사 하나하나가 뭐가 그렇게 중요한 것일까?'라고 생각했다. 하지만 결국 실행을 위해서 기획이 존재한다고 할 때 실행할 사람을 정확히 이해시키는 것도 기획자의 몫이다.

끌리는 기획서 만드는 팁

기획서를 접하다 보면 어떤 기획서는 보자마자 읽기 싫어지고 어떤 기획서는 쉽게 이해된다. 같은 여행 이야기를 하더라도 어떤 사람은 듣는 사람이 하품이 나게 하고 어떤 사람은 반대로 흥미롭게 해준다. 내가 하려는 이야기를 어떻게 하면 좀 더 매력적으로 전달할 수 있을까?

1. 표와 이미지를 적절히 배치하기

빼곡히 글자만 채워진 기획서를 보면 무엇을 강조하고 있는지 알기 어렵다. 오랫동안 내용을 읽고 생각해야만 핵심을 알 수 있다. 집중력이 떨어진 상태로 글자만 빼곡한 기획서를 보면 읽기가 싫어진다. 해당 내용을 뒷받침하는 표와 이미지를 배치하면 기획서에 리듬이 생긴다. 집중해야 하는 부분이 눈에 띄어 자연스레 기획서를 들여다보게 된다.

2. 배경 설명 충분히 하기

'세비야에서 에스피카스 꼰 가르바소스(Espinacas con Garbanzos)를 먹었다'라고 말을 하면 바로 하품이 나온다. 불친절한 단어가 나오는 순간 상대방으로부터 외면받는다. 세비야라는 지명을 사용하기 전에 김태희가 빨간 옷을 입고 춤췄던 광고부터 시작해서 투우, 오렌지 등 뜨겁고 강렬하고 이글거리는 도시라는 배경 이미지를 전달하고, 수백 년 전에 아주 오랫동안 이슬람 세력의 지배를 받았고, 그래서 이슬람 계통의 요리가 많다는 이야기를 들려준 다음, 병아리콩과 시금치를 버무린 요리를 종종 먹었다고 말하면 그제야 듣는 사람이 조금 관심을 기울인다. 친절한 배경 설명만이 타인과 나의 눈높이를 맞추는 지름길이다.

3. 관심 있을 만한 내용 먼저 보여주기
미리 핵심부터 보여주면 집중력을 발휘하게 된다. 시나리오마다 특징을 일일이 설명하기보단 처음부터 핵심 시나리오 몇 개를 뽑아 전체적인 결론을 먼저 보여주고, 설명에 들어가는 게 좋다. 사람의 집중력은 생각보다 길지 않으니 집중력이 가장 높을 때 가장 흥미로운 주제부터 다루면 훨씬 전달이 잘 된다.

기획은 실행을 위한 것

기획 아이디어는 실행될 때 빛을 발한다. 회사에서 가끔 사내 공모전을 개최하는데 나는 애완동물 가전기기를 제안해 top 5 안에 선정된 적이 있다. 몇백 대 1을 뚫고 선정된 제품이라 사람들이 무척 특별할 거라 예상하고 물어봐서 간단하게 설명을 해주면 어떤 사람들은 '아! 나도 비슷한 것을 생각했었는데…'라고 이야기하고 어떤 사람들은 비슷한 사업 모델을 조언해 주기도 했다. 상품 자체는 전 세계 최초로 개발되는 특별한 상품은 아니었다. 다만 고객에게 주는 가치, 기능 정의, 사업성 분석, 협업 파트너 등 사업의 현실성을 엿볼 수 있는 부분에 대해서 미리 고민한 부분이 많았기에 선정이 되었다고 생각한다.

기획은 실행을 위한 것이라는 생각을 체득한 뒤 상품 자체의 가치를 고민하면서 실행을 위해서도 많은 고민을 한다. 내가 상품의 출시 시기나 사업성을 생각하는 이유도 실행을 염두에 두기 때문이다. 때론 아주 혁신적이지만 사업적으로 수익이 나지 않는 기획도 있을 수 있다. 그럴 땐 투자 관점으로 접근하거나 아예 기획안을 묵혔다가 시기가 적절할 때 출시를 고려해본다.

시장에 출시하고자 할 땐 아주 작은 것부터 실행할 수 있도록 준비해보려고 노력한다. 나는 우선 의사결정권자의 의견을 경청하고 반영하는 것부터 시작했다. 실행이라고 해서 반드시 시장에 출시해 판매하는 것을 의미하진 않는다. 물론 최종 목적은 시장 출시이기 때문에 작은 실행을 계속 쪼개 큰 실행을 만들도록 하는 편이다.

회사에 다니면서 여행 작가가 되겠다는 소망 역시 내겐 하나의 기획 프로젝트였다. 여행 작가가 큰 기획 씨앗, 즉 키워드였다면 어떤 여행 작가가 될 것인지, 어떤 가치를 줄 것인지, 어느 지역을 전문적으로 여행하는 사람이 될 것인지 세부 키워드를 고민해 나갔다. 두 발로 여행지를 경험하고 여행 책이라는 상품을 만들기 위해 다시 어떤 여행지를 선택할지, 사람들의 트렌드는 어떤지 등등을 떠올리며 방대한 자료를 수집하고 자료를 채워 나갔다.

다음으로 실행을 위한 고민을 본격적으로 해보았다. 회사에서처럼 아주 작은 실행부터 시작했다. 뭔가 실행하기 위해 내가 설득해야 할 대상은 누구인지부터 생각해보았다. 크게 설득해야 하는 대상은 출판사와 지인들로 좁혔다. 실행을 위해서 직접 설득해야 하는 대상은 출판사였지만 심리적 문턱이 높아 지인들 먼저 설득하는 과정을 거쳤다. 아주 짧게 주변 지인들에게 이야기를 들려주고 이야기에 흥미를 보이는지 아닌지를 검증해보면서 기획을 다듬어 나갔다. 그런 다음 내 기획안에 대한 확신을 가진 채 출판사 미팅을 진행했고 계약에 성공했다.

과연 출판사 입장에서 상품 자체만을 놓고 여행서의 출시를 결정했을까? 그렇지 않다고 생각한다. 내가 사업성이 있도록 미리 어떻게 홍보할 것인지에 대한 고민을 세세하게 했기 때문이다. 상품 출시가 된 후에는 개인 SNS에 날마다 책을 홍보했다. 지인들을 통해서도 출간 소식을 알리고 전국을 돌아다니며 강연을 했던 기억이 난다.

'상품만 잘 만들면 되지.'라는 생각은 불확실성이 너무 크다. 혁신적 상품이 반드시 사업적인 성공을 보장하진 않기 때문이다. 이득만 생각하고 상품을 만들면 원가가 생각나 쉽게 상품 제작을 못 하거나 질이 떨어지는 상품을 만들기 쉽다. 너무 혁신적인 상품만 생각하다간 돈은 들 대로 들었는데 소비자에게 외면받을 수도 있다. 그래서 두 가치를 분리해놓고 생각하는 것이 좋다.

고객에게 주는 가치 중심으로 혁신적이고 괜찮은 상품들의 리스트를 고민해본 다음 그중에서 사람들에게 정말 가치를 줄 만한 상품들을 추려 시장성이 있는지 분석해보는 과정을 추천한다. 정말 혁신적이고 고객에게 주는 가치도 크지만, 시장성은 전혀 없다면 투자 관점에서 생각해보는 것도 좋은 방법이다. 중요한 점은 기획은 결국 실행될 때 빛을 발하므로 실행을 전제로 하는 기획을 염두에 두는 습관이 필요하다는 것이다.

어디까지가 기획자가 해야 할 일일까? 참 많은 고민을 했던 적이 있다. 사람에 따라 다르겠지만 최종 소비자가 결단을 내리는 순간까지 고민하는 게 기획자의 역할이 아닐까. 소비자가 상품을 이용하고 난 후에도 상품에 대해 긍정적인 마음을 갖게 하기 위해선 기획자가 거기까지 미리 생각해보고 기획을 탄탄히 준비하는 것이 필요하다고 생각한다.

기획자의 여행법

초판 1쇄 발행   2020년 12월 10일

지은이   조정희
펴낸이   정혜윤
편집   조은아, 한진아
마케팅   윤아림
디자인   쑨
펴낸곳   SISO

주소   경기도 고양시 일산서구 일산로635번길 32-19
출판등록 2015년 01월 08일 제 2015-000007호
전화   031-915-6236
팩스   031-5171-2365
이메일   siso@sisobooks.com

ISBN   979-11-89533-46-5   13190

＊책값은 뒤표지에 있습니다.
＊잘못 만들어진 책은 구입하신 곳에서 교환해드립니다.